为什么要登山？

重庆宝贝

重庆非物质文化遗产传承人丛书

美食

罗磊 华勇 著

晋毅 摄影

重庆大学出版社

罗磊

笔名糠糠壳儿，前报人，自由写作者

坚持写作的理由，跟那些非遗传承人一样：
做的事未必很牛，做事的态度不能不牛。

华勇

前报人，非遗文化研究者

山气日夕佳，飞鸟相与还；
此中有真意，欲辨已忘言。

晋毅

职业摄影师

喜欢影像，源于其蕴含的精神属性。
无论记录还是表达，
都试着用它探索艺术、文化和思潮。

序

这是一本小人物的传记。按《史记》的说法，它应该叫作《重庆史·非遗传承人列传》。

上大学的时候，我就想写一部重庆史。身为一个在重庆母城长大的土著，这就叫梦想，要是办不成，一辈子都会不开心。至于写法嘛，就用司马迁的手法写。历史、文化，不都是人创造的吗？把人的故事讲好了，还有什么历史和文化讲不好呢？

一晃二十多年，故事也不知从何讲起。得有人一起来干。

2017 年秋天的一个午后，我和华勇瘫在加州花园坝坝茶馆的躺椅里，精心豢养着秋膘。自从离开报馆，我们成了职业梦想家，天天就着两碗茶，分享未了的心愿。

华勇翻个身，幽幽地说："我想写本书，讲重庆非遗的……"

非遗，全称非物质文化遗产，是人类创造并传承的各种文化表现形式、生产生活技能和技艺等。它是一个入口，走进去，就能触摸到一个地区、一个民族甚至一个国家的历史文化精髓。

等了二十年，接头的人来了。你好，华子良同志，说出你的故事。

是这样——从已发布的重庆市级以上非遗项目里选几十个出来，采访它们的传承人，搞清楚每个项目的来龙去脉，写一本好看的故事书。

这很接近我的梦想啊。随后的几天，这想法做了重要调整：就写传承人的故事，非遗项目只是大背景，它是人物展示的舞台。

每一个非遗项目，都有一个或多个官方评定的传承人。他们住在重庆38个区县的各个角落，机缘巧合，成了一颗颗巴渝传统文化星火在历史长廊中的护持者、传递人。这些星火千姿百态——有传统美食制作技艺，有传统手工制作技艺，有传统民俗，还有传统曲艺。它们整合在一起，就是一部了不起的重庆文化史。

它们是巴渝大地艰辛孕育出的宝贝，穿越千百年时光而不朽。这要归功于那些宠辱不惊、心无旁骛的传承人。他们一代接一代地坚守与创新，已经超越了项目本身的技术价值，成为更值得传承的财富。

重庆真正的宝贝，不就是他们吗？重庆赖以前行的动力，不就是这样的人文精神吗？讲好重庆故事、中国故事，不就是讲好他们的故事吗？写一本我梦想中的重庆史，不正好该从这群小人物的传记开始吗？

跑遍重庆。一个一个找到他们，倾听他们的故事，留存他们的影像，感知他们的信仰，传递他们的价值。采访几十个人、写一本书哪里够，要采就采两百个，要写就至少写4本：美食一本，手工器物一本，民俗一本，曲艺一本，怎么样？

从前好像没人这样干过。就让历史的重任落到两个小人物肩上吧。

这是个自嗨的活儿，当然得自费。从采访到出书，样样要花钱，哥儿几个凑四本的钱没戏，但凑出第一本《美食》，那还是可以的。

书卖不出去怎么办？我应该饿不死。你呢，华老？

无妨，你都还活着，我怎么好意思先挂呢？

那你会拍照不？这本书必须拍到每一个受访的传承人。每一个哦！

我会用手机拍，美颜的，行不？

……

残阳如血。我们的梦想刚刚启航，便要说再见。

找个好摄影师不难，难的是说服他——干活不准要钱，出钱才能干活；干完活能不能挣回来，得看运气。正常人是不会答应的。

茶摊枯坐数日，无解。某日，我俩又在打坐，微信群里有人冒泡："天气不错，喝茶喝茶！"这人叫晋毅，重庆摄影界有名的胖子，跟我们一样，靠梦想吊命。

我和华勇相视而笑，竟然笑出了粉红色的牙龈，有点不厚道。天堂有路你不走，得来全不费工夫，胖贼，你就是那个会答应我们的人。

《重庆宝贝》计划，就这样启动了。

当你看到这本集纳了 40 个美食类非遗传承人故事的《美食》时，时间过去了将近两年。我们三个在重庆 8 万多平方公里的土地上，已经跑完了两万多公里路，刚刚回到加州花园坝坝茶馆，瘫在那儿喘息。

真希望你喜欢这本书。如果你还想看第二本、第三本，我们这就站起来，接着跑下去。

只要让我们跑，这辈子的梦想，全都会实现。

罗　磊

2019 年初春

目录

一粥一饭，当思来处不易

半丝半缕，恒念物力维艰

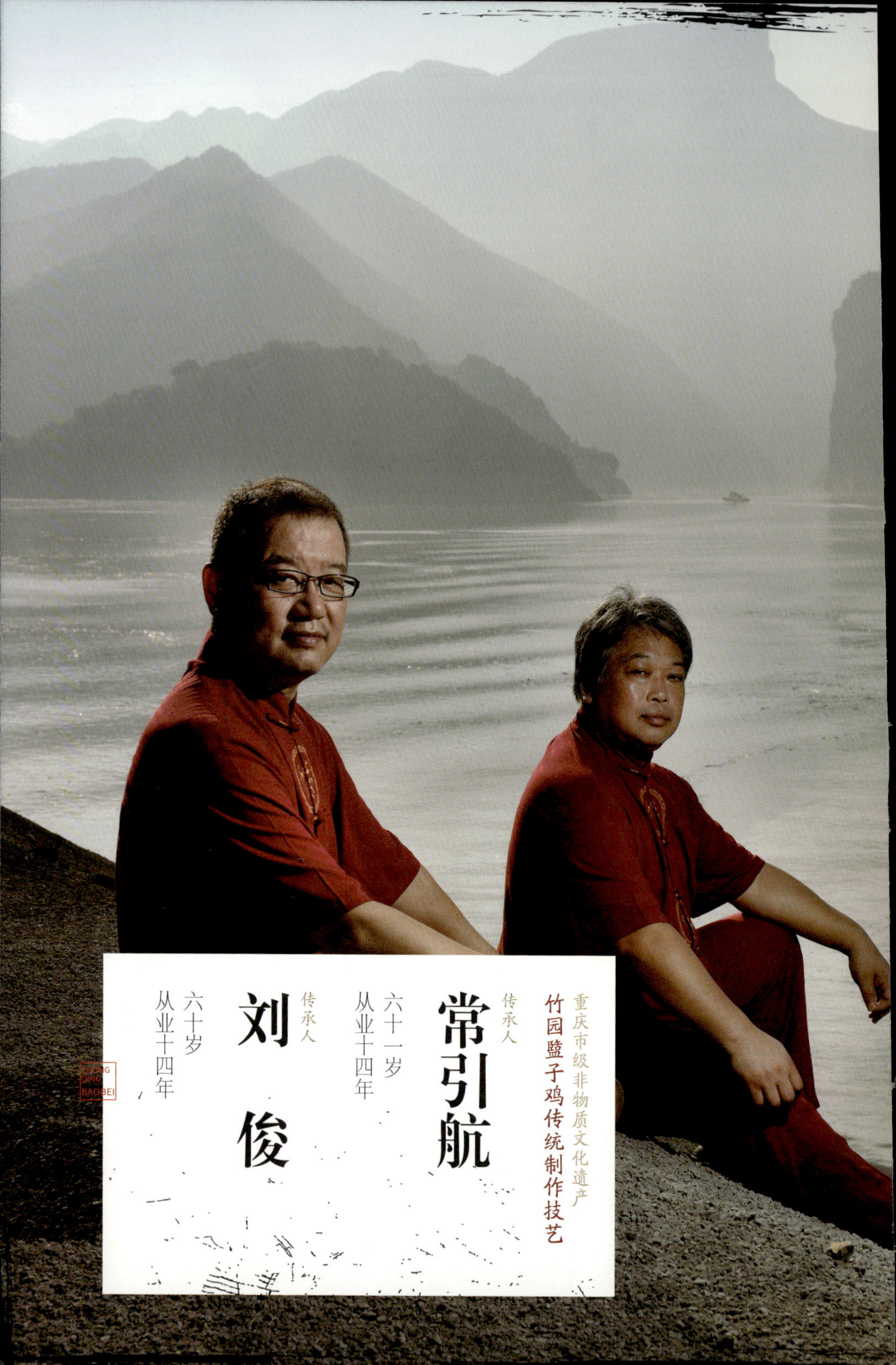

重庆市级非物质文化遗产

竹园盬子鸡传统制作技艺

传承人

常引航

六十一岁

从业十四年

传承人

刘俊

六十岁

从业十四年

CHONG QING BAOBEI

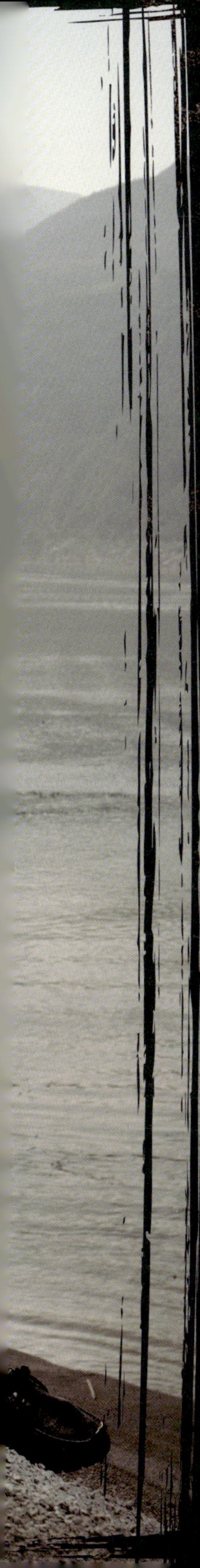

夔门两兄弟

竹园盬子鸡传统制作技艺

公元822年，大唐已接近生命的晚期。这一年正月，一个从首都来的干部长途跋涉赶到夔州，就任州长兼警备区司令。

夔州，治所在今天的重庆市奉节县。这是一片远离中原王朝的处女地，保留着原生态的多民族文化风貌，例如歌舞。

不管是忙还是闲，是喜还是忧，是爱还是仇，男女老幼一言不合便会手舞竹枝动起来，边跳还边唱，全是即兴创作的民歌，瞬间把你拉回“诗三百”的纯真年代。

“真 nice！我要把这写成诗！”新来的州长大人心想：前一二十年写的东西太沉重、太惹事，现在是时候放松一下，接接地气了。

于是他掏出手机，把听到的每一首歌都录了下来，晚上躲在被窝里一遍遍回放，直到烂熟于心。然后，便用这意境套上七言绝句的外壳，开始了创作。

州长在夔州干了两年多，用上面这办法写了 11 首诗，其中一首你一定很熟悉：

杨柳青青江水平，闻郎江上唱歌声。东边日出西边雨，道是无晴却有晴。

对，州长名叫刘禹锡，大唐赫赫有名的人物。因为他的到来，中国诗歌史上多了一种脱胎于巴渝民歌的清新诗体——竹枝词。

奉节，这座曾激发过诗仙与诗圣伟大灵感的夔门小城，现在又多了一个诗豪，从此坐稳了“诗城”的位子。

诗城嘛，到处都是诗与传奇。

奉节城北七十多公里外的大山里，有一个竹园镇。这个古镇是三峡民歌或者说是竹枝歌舞的发源地，千年来生生不息。即便是在饿肚子的 20 世纪 60 年代，竹园老街里依旧歌声袅袅：

张打铁，李打铁，打把花剪送姐姐。姐姐留我歇，我不歇，我要回去打毛铁。

一群唱歌的半大孩子里，有两个五六岁的小男孩引人注目。两个人都穿着打补丁的衣裳，背着帆布书包，勾肩搭背地飘过一整条老街，回家吃饭去了。

他俩只相差一岁，家住同一个院子，父母是竹园粮站的同事。其中一个的老爸上过朝鲜战场，另一个的老爸则去过西藏平叛，刚回来没几年。

两个异父异母的“亲兄弟”，大的叫常引航，小的叫刘俊。

竹园这地方除了盛产竹枝歌舞，还诞生了很有意思的饮食文化，比方说，鹽（音“古”）子鸡。

鹽子，是一种奇特的器皿。砂锅般的外壁上至少凸起 4 条粗壮的筋络，从上到下纵贯鹽身。这是 4 根暗管，中空。搞清楚了它们的用处，你就能破解鹽子鸡的秘密。

在一口大锅里盛上水，备用。把一整只鸡和一整只腊猪蹄分别洗净放入鹽子，再放入腌制的大头萝卜和生姜等配料。记住，一滴水、一点油都不要加，就这样满满的干货，然后盖上“天盖”——鹽子盖。当你盖上它时，一定要在上面掺满凉水。

把鹽子放到锅里，站稳，火力全开。接下来，见证奇迹的时刻到了。

猛火很快将锅里的水烧开，产生了大量的水蒸气，并沿着鹽子外壁的 4 根暗管疾速升腾到天盖底部。天盖上部由于盛满了凉水，冷热相激，水蒸气顿时化为蒸馏水滴滴坠下，渐渐淹没鸡和腊猪蹄，变成一锅靓汤。

五六个小时后，大功告成。揭开天盖，满满一甑子的汤晶莹透亮，跟你见过的高压锅鸡汤截然不同；喝上两口，那种融合了鸡肉鲜美与腊肉熏香、饱满醇厚却毫不油腻的味道，简直令人垂涎。而大片鸡肉、大块腊猪蹄嚼在嘴里，获得感也不是一般的强。

这道隆重的大菜，用 4 个字就可以概括要点：化气为汤。要做到这一点，关键在那个奇特的甑子上。

奉节紧依夔门，下临长江，可竹园偏偏不靠江。它是典型的喀斯特地貌，地下水里杂质太多，做的菜上不了大台面。

所以最晚在明清时期，竹园人家就开始用水蒸气原理来做鸡汤了。那时候还没有甑子，只能用普通砂锅，上面倒扣一个蒸饭用的甑子，顶部再平放一只盛满凉水的碗。用这种土法，蒸一锅鸡差不多得一天。

到了清朝道光年间，竹园陶瓷作坊研发出了第一代甑子，大约只有两根气管。它们被大费周章地安在了罐身上，而没有像云南汽锅鸡那样，直接竖立在罐内中央。

云南人的做法很省事，但如果放在那个位置，甑子里还怎么放得下整只鸡、整只腊猪蹄呢？这可是竹园的规矩，不能破的。

道光以后的一百多年里，气管从两根逐渐演化成了 4 根，这样既美观，又加大了单位时间的出气量，蒸好一锅鸡只要五六个小时。

每年春节前，竹园家家户户都会至少置办一只土鸡、一只腊猪蹄，装到家中必备的甑子里，点火，蒸腾，把整个小镇都浸泡在水蒸气和香气里。

那是小镇孩子们一年中最快乐而温暖的日子。61 岁的常引航说，那是妈妈的味道。

常引航和刘俊的人生，颇多相似之处。两人高中毕业都当过知青，都参过军，转业都分到了奉节县粮食部门，都干了二十来年。

2000 年，粮食企业破产改制，四十多岁的两兄弟双双成了下岗职工。刘俊借钱买了辆出租车，当起了的哥。常引航却在家宅了整整两年，只想静静。后来静得快废掉了，才被迫去了一家事业单位打工。

的哥与打工仔，离他俩想要的生活都很远。两个从小勾肩搭背唱着民歌长大的小伙伴，都不想善罢甘休。

2005 年新年后，常引航每天晚饭后便独自出门遛弯，一直遛到县城人民广场，坐在那里发呆。不远处也有一个人在发呆，呆着呆着转过头来四目相对：嘿嘿，原来你也在这里？！

这就叫命。从小到大搞事情都是两兄弟联手，现在怎么能例外呢？差不多半年时间里，两人每晚一到点儿就去人民广场碰头，共谋一件大事：合伙开店，卖鹽子鸡。

那是他们从小吃得烂熟的味道，从里到外如数家珍。鹽子先不说了，就说原料和做法吧，谁有咱哥儿俩熟啊：

鸡要用净重 2 ~ 3 斤的仔公鸡，即还没开始打鸣的那种散养土鸡，肉质细嫩，入口化渣；腊猪蹄则要用竹园传统方法熏制的，咸鲜醇香，与鸡珠联璧合。

别忘了还有大头菜。那是竹园特产的大头萝卜，拿腌制腊肉的盐水泡足时辰，再晾足 7 天，待其彻底风干后，装进坛子倒扣整整两年，等到它香入骨髓、鲜至纤维了方可开封。

为什么要整鸡、整蹄地蒸呢？除了视觉感受更美外，还能避免因刀工造成的火候误差，让每块肉的口感都一样。

那为什么腊猪蹄又要切呢？因为这样吃起来更方便啊。整只蹄蒸好后捞出来切成块，每一块都能保证红亮的本色；倘若你切好后再蒸，那端上桌就是一片惨白了。

不是竹园土著，哪知其中奥妙。

2005 年 9 月，兄弟俩的“金竹园鹽子鸡”开张了。两人虽然什么都懂，但是从没动手做过，所以还请了一个大厨。

开张三个月，生意火得一塌糊涂。但有天早上大厨放了鸽子，来个电话便辞了职。两兄弟差点当场晕倒：中午怎么办？晚上呢？明天呢？

常引航定定神说：“俊，只有自己上了，行不？”刘俊撸起袖子便进了厨房。三个月来他天天给大厨打下手，厨房那一套看也看会了，早就跃跃欲试。

那是忙乱却完美的一天，从这天起，两兄弟再没请过厨师。不久后，他俩拿下了全县美食大赛第一名。奉节城里会做鹽子鸡的可不止他俩，有人还做了很多年，可夺冠的偏偏就是这两个半路出家、只做了四个多月的新手。

只有当事人自己心里明白：他们来自鹽子鸡的发源地，从小在鹽子里泡着长大，出手的一招一式就跟一千多年前的父母官刘禹锡写诗一样：一字一句，都有神灵护持的。

“金竹园”火了差不多十年，这十年两兄弟没少费脑子。

传统的四孔鐀子出气量有限，蒸制时间长。自己家里做做倒无所谓，但若是开馆子就麻烦了，客人只能预约。一旦预约取消，一道鐀子鸡的成本便难以消受——

整只土鸡，两三斤，多少钱？整只腊猪蹄，两三斤，又要多少钱？配料呢？水电气呢？人工房租呢？所以说，一道正宗的竹园鐀子鸡动辄要卖三四百，那是没办法的。

必须压缩蒸制时间。这就意味着必须增加鐀子上那些气孔暗管。

两个人天天凑在一起画图、测算。嗯，如果加到 6 个孔，就能压缩到三个小时以内。8 个孔呢？那一两个小时恐怕就差不多了。

再多就不行了。不能光图蒸馏水来得多、来得快，还得考虑鸡和腊猪蹄。气孔少了，干货都蒸烂了汤还没够，显然不行；气孔多了，汤都溢出来了干货还夹生，那也不行啊。

不管几个孔，都得做出来才能验证。

可惜，竹园镇的陶瓷厂已经倒闭了。只有开州还有一家陶瓷厂，还能接这种定制的活儿。

这活儿必须全程手工操作，因为它结构复杂，机器没法制胚。捏鐀身倒不难，可单独捏那几根暗管就难了，因为它是中空的管道，还必须与鐀身曲面严丝合缝。捏好后，把暗管与鐀身捏合到一起。这是最难的一环，不是多年的老匠人，没有一双能感知哪怕一丁点瑕疵的手，拿不下来。

土陶胚身做好了，还得上釉，得用 1200℃的炉火烧制整整 7 天。半个多月下来，也就能做几十个六孔或八孔鐀子而已。

已经很好了。要感谢开州那几位平均年龄 60+ 的老师傅，一道正宗的竹园鱠子鸡，他们起码有一半的功劳。

2008 年，竹园鱠子鸡申报市级非遗的时候，常引航和刘俊结识了竹园老家一位龚姓老人。老人的祖上叫龚绍虞，是道光年间竹园的大户人家。他写过一首诗，子孙代代相传：

鸡不开叫腊肉香，大头萝卜配生姜；不用生水自有水，文武火用小火常；骨肉相离最适味，阴阳相调最壮阳。

你看，早在 19 世纪三四十年代，竹园鱠子鸡的原理、材料、做法、功效都已讲得清清楚楚，还写成了诗。这就叫来路，竹园鱠子鸡的文化血脉。

千年以来，奉节凡有竹枝处，人人都能吟咏歌唱。身处鱠子鸡传承河流中的人们，也是这样。清朝龚绍虞的诗终究只能算打油诗，且让他看看后人的手段。刘俊沉吟半晌，先出手了：

土鸡猪脚鼞中盘，楼下烈火楼中寒；朱门厨娘烹佳肴，汤鲜味美令人馋。

平仄虽没那么讲究，但胜在生动形象啊，对吧？常引航早已按捺不住。小俊俊闪开，看哥哥的：

汽水鼞子稀珍汤，浓香飞扬千里香；如此佳肴夔门有，世间赢得几人尝？

气势如虹啊，有没有？

两兄弟拊掌大笑。不如哥儿俩合作一首，再请人谱个曲，把它当成鼞子鸡之歌来唱，可好？

一首《竹园鼞子鸡之歌》便出炉了：

三峡古镇哟，看竹园哎；竹园的小吃噻，多又鲜啰；走进那光溜溜的石板路哟，那鼞子鸡，那鼞子鸡，那鼞子鸡的香味儿噻——飘呀飘呀，飘呀飘呀，飘过了几座山啰……

曲调悠扬，一唱三叹。当它从常引航平凡的躯壳里迸发出来时，你会想起瞿塘峡中的号子，或者夔门之巅的行云。

两个小玩伴，今年都已六十开外了。除了带孙子，常引航喜欢户外骑行，刘俊则专注于打太极。一动一静，互补依旧。

他们不再开店，余生只想做两件事：为想在家里吃鸡的客户提供上门服务；为愿意发扬光大竹园鼞子鸡的人，提供尽可能的帮助。

如果真有香飘万家的光明未来，你我兄弟也算得偿所愿了。刘禹锡是怎么说的来着？

旧时王谢堂前燕，飞入寻常百姓家。

重庆市级非物质文化遗产

万州杂酱面传统制作技艺

传承人

李庆刚

六十二岁

从业四十年

疯狂的『面霸』

万州杂酱面传统制作技艺

全重庆的面馆加起来有7万多家，它们共用着一块金字招牌：重庆小面。

这块招牌可以衍生出不同的品类。单讲品种，就有素小面、牛肉面、豌豆面、杂酱面、豌杂面、肥肠面、酸菜肉丝面，等等。

要讲店名品牌，那名店数不胜数。如果按地域来讲，在同样的热辣劲道之中，都会有不同的风情。比方说荣昌铺盖面、南泉豌豆面、黔江鸡杂面，还有——万州杂酱面。

7万多家面馆，假设有人想要吃个遍，就算他每天光顾10家面馆、吃上10顿面条，嘴巴一张一闭，20年就过去了。

真有人想这么干的话，他一定是个疯子。

大约从 2012 年下半年开始，重庆主城区的大小面馆里隔三岔五就会出现一个大汉的身影。此人进得面馆来只是一句略带万州口音的“小面，二两”，或者“牛肉，二两”，便坐到桌旁，不多话。

端上桌来，面条吃一口，杂酱或牛肉等浇头再吃一口，就这两口，最多不超过四口，够了，埋单，走人。

出了这家的门，他又进了那家的门，重复以上步骤。要是碰到特别好的，他便会召唤老板：“面不要，海椒打包，谢谢。”一天下来，他能吃 7 家面馆。

有时候，他会跟面馆老板互加微信。“嘟”的一声，从此老板们的通讯录里便多出一个好友，微信昵称：一米八。

李庆刚身高一米八，一眼便知，但没人看得出这个万州大汉其实是个六旬老汉。老汉每天微服私访同行的店，并非为了踢馆，因为早在 2000 年他就已经不开面馆了，跟大伙不构成直接的竞争关系。

可谁说不开面馆，就不能做面这个行当了？

2012年下半年，李庆刚跟合伙人决定做一家食品工厂，把万州杂酱面，以及什么牛肉面、排骨面、土鸡面、肥肠面……通通做到罐头或软包装里去。注意，不是方便面料包。他们想让杂酱、牛肉即便待在罐头或软包装里，也能原模原样、原汁原味。不需要脱水，不需要防腐剂，打开一罐红烧牛肉倒进碗里，就跟广告上一模一样，一坨一坨，还颤悠悠的。

再配一把上好的干面。你买回家煮好挑到碗里，除了罐头里的东西，什么也不用加，就是一碗现煮出来的极品。

这是一个疯狂的想法。这既需要灭菌、封装、自动化操作等现代高科技加持，还必须具备一个传统高手所应有的顶尖素养：制面、选材、炒制、烹饪、味觉调配，等等。

李庆刚自信是个顶尖高手。然而，在7万多家从业者里，再逊的人也有长处，再牛的人也有盲点。所以，必须一家一家地吃下去。

虽然是做罐头，但传统的功夫一样也少不得。

重庆小面的核心科技在“煳辣壳”，也就是辣椒。这东西要是做好了，一碗面不管荤素，定然差不到哪里去。但万州面不同，煳辣壳不是强项，强项是杂酱。

不要以为乱七八糟的猪肉都可以。李庆刚的爷爷和爸爸教给他的原则是：万州面的杂酱，只能用新鲜的上等五花肉，肥瘦比例大概三七开。如今，李庆刚把这个数据精确化了：瘦肉率65%。

肉是不是洗一洗就可以绞了？不，还得用葱姜熬的料汤浸泡几个时辰，把肉里边的血水和脏东西追出来再说。要是偷懒，杂酱必定会有腥味的。

泡好了，绞成肉末是吧？不不不，先煮一煮，再慢慢剁。万州的杂酱吃到嘴里不能是肉末，应该是肉粒，一颗一颗，用舌头都能数得清的。

剁好了，下锅炒熟就行了噻？

淡定，让我们屏住呼吸，来——先把住火候，虽然炒料只有短短的几分钟，但也要大火小火轮番交替，所谓文武相济嘛。

再来掌握翻炒频率，看是一二三四还是一二三四五六七。慢了，会煳一处、毁一锅；快了，容易夹生不说，还不入味呢。根据肉粒的颜色和声音随时调整节奏，大火时翻炒，小火时稍停，撇去表面浮沫。总之，炒匀、出香是硬道理。

接着说味道。海椒、花椒、胡椒、豆瓣、冰糖、葱姜、油盐等辅料，都得讲比例、讲先后，不能随心所欲乱丢。油可不能用猪油哦，一定要用鸡鸭鹅熬出来的卤油，不然怎么配叫万州杂酱呢？

好了，出锅了。一碗清水面，满满一大勺杂酱兜头浇上去，哪怕别的佐料一概不加，也会让客人嗨翻天际。

万州杂酱面的根儿，可以追溯到清末一个叫李正堂的山西祁县制面人身上。这人不知为何举家迁来当时的四川万县，在长江边搭了两间草棚，一间住人，一间卖面，起了个名字叫“山西老面馆”，从此把山西面食和万县杂酱揉到了一起。

李正堂，就是李庆刚的曾祖父。近百年的家传手艺，千条万条归结为两条：一条是悟性，一条是良心。

什么叫悟性？就像思念，是一种很玄的东西。一开始，见山是山，想她是她；到后来，见山不是山，想她不是她，这就算上道了，可以撇开师父和菜谱操作了；再后来，山还是山，她还是她，恭喜你，你就是大师了——大师什么都不要，只要鼻子和舌头，一嗅一尝，就能从滚滚红尘中拎出任意一种味道、一种材料来，分毫不差。

“不信？走走走，跟我一起又去踩面馆。这回我不用买面吃，只要闻一下佐料和浇头，立马能把它的配料表写出来。比方说这家的牛肉面，你们心目中的重庆头牌，是吧？告诉你，他家的牛肉是不错，可海椒辣得太霸道，既不香，也不醇，一定是河南的一种椒，业内人称 706……”

再说说什么叫良心。“所有食材，都要用最好的。就说这海椒吧，我现在做罐头要用 7 种椒，河南 706 是肯定不要的，我用贵州灯笼椒、山西子

弹头、石柱七星椒、新疆菜椒……”

再比方说牛肉。红烧牛肉面的罐头打开，必定是腿部腱子肉；要是山椒牛肉面的，那就一定是肩部雪花肉，不可能搞混。每个罐头净分量必定是二两，对应生肉原料，那必定是半斤。

这样的牛肉，全部是宰杀后 15 天以内的澳大利亚进口货。几十道工序做下来，你不管横着咬还是竖着咬，必定是应声而断，所谓“吃哪儿来哪儿”，不像有些牛肉，要么烂成一坨，横竖咬不断，要么硬如老柴，味同嚼蜡。

“至于成本，很少考虑。告诉你吧，哪怕在抗战时期那么恶劣的环境下，我爷爷还跟我爸爸说过这种话：再抠门的客人，也只会为价值掏腰包，而不是价格。”

李庆刚的工厂坐落在万州郊外，厂房面积有 1.8 万平方米，规模不小。这面积是底线，一平方米都不能少。因为有那么多道工序，都要占面积。工序怎么能平白无故少一道或两道呢？所以 1.8 万就是 1.8 万，没得商量。

“面条就不占面积了，外包出去吧。不过必须按我的标准生产哦，即便是干面，煮出来也必须比水面还劲道、还细腻。海椒、花椒、蔬菜之类的辅材，也先采购吧。不过咱们在万州已经搞了几处生产基地，远不只1.8万平方米。这些东西，还是自己亲手栽放心些。”

1.8万平方米主要是留给高科技设备的。比方说全自动高温杀菌釜，一台就得占一个车间。这东西是真好啊，用水蒸气杀菌，不但干净彻底，还比一般的电喷淋装置更能保持浇头的原味口感。

“再比方说全自动翻炒机，一个转轴带动N把锅铲，速度、力度、频率都可分级调控，一台机器可至少顶10个我这种大师。它就有那么大，不留够空间怎么行。”

还有传送带和封装机，用环氧树脂技术封装，不用任何防腐剂，能至少保存一年。工艺复杂，部件众多，一套设备给它1000平方米放置都显紧张。哦，还有德国进口的切割机，切成品用的，一块刀片就值1.1万人民币，这种宝贝，你能把它往犄角旮旯挤？

李庆刚一米八的身高，有时候会加大员工的心理阴影面积。没办法，这个高老头实在是太疯狂了。

2013年创业之初，他和合伙人组建了7个人的研发团队，天天琢磨如何做出保持食材原本形态和口味的罐头。这一搞就是一年，天天失败，天天成箱地往外倒废料。那段时间高老头明显绝望了，快要崩溃。

可天不绝他，那种罐头到底给搞出来了。但他还不消停啊，天天盯着大家，一定要按他的标准做事，一不留神就要把次品和人一起作废，大伙的压力真的好大。有一回代工企业送来一批成品，各项指标都没问题，可他一尝，愣说口味有偏差。结果价值48万元的货，全被他拉到垃圾处理场先烧后埋，渣都不剩。

你们总以为我是个卖面的，有谁知道我卖的其实是良心？

20世纪70年代末，李庆刚跟父亲学做杂酱面，满打满算只有一年，然后，生活就成了他的第二个师父。

1980年，23岁的李庆刚在万县校场坝开了自己的第一家面店，叫“刚儿杂酱面”，生意从头好到尾，万县（现万州）很快就容不下他了。1986年，他去了湖北宜昌，说那边的面太初级了，他要去拯救世界。四五年后，他果真揣着鼓鼓囊囊的钱包回来了。这回玩大点，开个中餐馆。

很可惜，中餐馆很快就挂掉了。李庆刚痛定思痛，又去湖南岳阳开面馆。过程如何不清楚，总之2000年之前，他结束了那里的生意，回家休息了。似乎不算失败吧？因为回来后即便不做事，他也并不缺钱。可是好像也不算太成功，因为从那以后他发誓说再也不开面馆了，不知道受了什么刺激。

不久后，一个叫胡应超的朋友出现了。

做餐饮酒店行业的胡应超与李庆刚一见如故，很快成了生意合伙人。只可惜，李庆刚开了20年面馆，累了，不想开了；而胡应超做惯了大生意，也不满足于开面馆。

接下来的十来年里，两个人合伙做了好多事，就是与面无关。2008—2011年，他俩跑到新疆开发房地产，陷在那儿进退两难。当他们想上街吃碗面解解乡愁时，发现根本吃不到家乡那种杂酱面。这滋味，比生意失利还难受。

就在那一刻，两人居然想到了一个金点子：做一种能让人带着走四方的面吧。就用罐头或软包装，家乡的味道也能分毫不差；有了它，到处都是温暖的家。

于是李庆刚开始频繁光顾主城各家面馆，博采众长。同行们，放心，我们不砸场子，我们要开工厂；我们不想一碗一碗地挑面，我们想一标箱一标箱地卖“罐头＋面”。

这叫产业，不叫个体户。我们是不是很酷？

在这个“二人转”里，老李主抓技术，扎实得很。而老胡也很牛啊，他擅长用现代高科技来嫁接传统技艺，比方说刚才提到的高温杀菌釜和猛火燃气灶，就是为了组合起效，让杂酱、牛肉等食物即便在冷却、装罐后也能保持原状和原味。

老胡还是一个营销狂人，点子又多又毒——有了这么好的罐头和面，还是可以开面馆的。不需要厨师，只需要煮面、开罐头、开软包装、混在一起，小孩子也能搞定。运营成本低，品质恒定，顾客立等可取，吃完还能买回家接着吃，硬生生在店里又开出了一条销售渠道。

这种店，开一家就会火一家的，信我。

观音桥店开张的时候，两个老头居然请来了林志颖现场造势，还推出了 1314 元一顿的天价面条宴。钱很快会回来的，信我。果然，2018 年，仅解放碑八一路那一家店，最高单日流水就达到了 11.8 万元。

重庆城 7 万家面馆，谁曾这么疯狂过?

活了六十来岁，李庆刚觉得现在才到达人生之巅，每天都不休息——注意是每天——就待在厂子里干活，根本停不下来。

他终于明白了 20 年前不愿再开面馆的原因：他和胡应超这种人，不会满足于山腰的风景，虽然那儿已经很美了，但山顶才是他们该待的地方。

他人笑我太疯癫，我笑他人看不穿。为什么要登山？因为山在那里。

重庆市级非物质文化遗产
麻辣鸡块传统技艺
传承人
范淑英
四十三岁
从业二十五年

在人群中多看了你一眼

麻辣鸡块传统技艺

CHONGQING BAOBEI MEISHI

25 年前的一天，丰都县城后街的孙二娘餐馆门口，坐着一个清瘦的小伙子。他叫孙华明，是餐馆的小老板。

人群中走来一个女孩，在店外停下来看街景。当孙华明看到她时，仿佛被电了一下，眼睛再也离不开她。看到孙华明两眼发直的傻样，身旁一个女性朋友笑了：“我认识她，是我闺蜜，要不我去帮你牵牵线？”

这人径直冲到了女孩身前：“有个哥哥喜欢你，想和你交朋友。”

“不要！不要！不要！”女孩内心既慌乱又反感，当场宣布这个瘦得只有九十多斤的哥哥没戏。

这女孩叫范淑英，那年她 18 岁，在丰都县城一家服装店打工。

这个在农村长大的女孩子，天赋商业异禀。还在上学时，她就去跟邻居谈合作，免费帮他们放羊，但母羊生下的小羊归她。结果母羊生了好多小羊，卖小羊的钱远远多于工钱。

虽然那会儿只是一个服装店店员，但范淑英心里一直在琢磨改变自己命运的大事。眼下正是奋斗的好时节，怎么能谈恋爱呢？陌生的哥哥，你歇歇吧。

但是她的闺蜜，也就是那个热心过头的“中国好红娘”，也是个很执着的人。她天天在范淑英耳朵边念叨孙家小哥如何优秀，还不时请她去孙二娘餐馆，品尝孙家的镇馆之宝——麻辣鸡块。

麻辣鸡块很好吃，但范淑英绝对没想过自己有一天会当上老板娘。那段时间她辞掉了服装店工作，开始了自己的创业计划：去批发门市拿鸡爪，卤香后零卖；每个鸡爪进价 6 分、卖价 1 角，如果每天卖 100 个，可以赚 4 块钱。

“中国好红娘”苦劝：“你这样每天卖百把个鸡爪，又累又苦还赚不到钱，孙家小哥这么喜欢你，两个人一起承担会不会好一点呢？”最后，连这个理由都搬出来了：“你做卤鸡爪，他做麻辣鸡块，都是鸡身上那点儿事，很配呢！有没有？”

“好吧，你赢了。先交往看看吧。”

孙家的麻辣鸡块是其祖上孙德旺在清康熙年间创制的。当年孙德旺从丰都八角庄贩运粮油到涪陵，路过丰都县城，发现仙都观山脚一家店铺的麻辣鸡块香气扑鼻，鲜嫩爽口而又麻辣得当，相当好吃。

这个大吃货马上就决定不做粮油生意了，定居丰都县城，专门做麻辣鸡块。从此，孙记麻辣鸡块开始一代一代传承，传到孙华明手里，已经是第十代了。

如今的孙记麻辣鸡块，特点就 8 个字：麻而有度，辣不上火。从 1994 年起，范淑英和和孙华明为这 8 个字操碎了心。

麻辣鸡块讲究“三油三重”：红油、香油、油辣子；辣重、麻重、卤汤重。这样的鸡块色香味形俱佳，色泽红亮鲜艳，香味浓郁四溢，味道麻辣鲜甜，肉质筋道细脆。辣得有力，麻得够劲，回味悠长。

然而进入现代，人们的口味总是在变化。那段时间，两人天天在一起研制味型改良方案。每做一种，两人都要分别写出试吃报告。坚持一天、两天还行，但坚持十天、二十天就恼火了。两人的嘴上全被辣起了水泡，连张口喝稀饭都痛得龇牙咧嘴。孙华明对范淑英唯一的照顾，就是包揽了熬制辣椒、花椒油的活儿，因为这活儿对女孩子的皮肤刺激太大。

终于，他们试出了最合适的秘制调料。这里面除了祖传的配料，还加入了许多适合现代人饮食习惯的配料，光香料就有十多种。特别是麻辣背后透出来的回甘味，恰到好处地抑制住了麻辣的燥劲，让人在大快朵颐之余，不用担心肠胃。

在两口子满嘴火泡的同时，地处三峡腹地的丰都沧海桑田、潮起潮落。移民、迁城、蓄水……长江三峡以一种宽厚而又无奈的姿态，默默注视着人世的变化。

范淑英和孙华明开餐馆、卖火锅、做大排档，什么都干过，从来没丢过的菜式就是麻辣鸡块。除了品质不断提升，营销也在进步。范淑英一直认为，在鬼城丰都这座小县城，麻辣鸡块要卖成爆款只能靠导游。

于是她用鸡块开路，与带团来鬼城的导游们交朋友。一个导游、一个船员，往往可以影响全团几十号游客，而这些来自全国各地的游客只要吃

范淑英自家鸡场的鸡，全是雄赳赳的公鸡。

了她家的鸡块，基本都会成为口碑传播者。

这个办法很有效，后来发展到游客们人还在船上，订购麻辣鸡块的电话就打过来了。这个团十几包，那个团几十包，导游还主动帮她搬货。有个河南游客吃了麻辣鸡块兴奋不已，找到范淑英说："妹子，我给你三万，把那个配方写给我，中不中？"

当然不中。范淑英要做的事不是卖配方，而是像她的微信昵称：等待。等待土鸡长成，等待浸泡足够，等待汤卤熬制，等待调味迸发，等待时间沉淀出惊艳的那一刻。

范淑英的麻辣鸡块，就是"等待"的同义词。自家鸡场散养的林下土鸡必须长足 7 个月才能宰杀，因为只有这个时候的鸡肉才嫩，而且有嚼劲，肉香味才会处于最佳状态。

宰杀洗净的鸡，要放进加入食盐和黄酒的清水中浸泡至少三个小时。独门秘方汤卤是把煮好的鸡原汤加入老姜、砂仁、白冠、桂皮、丁香、草果、茴香等十多种配料，微火熬制至少两个小时。

经过 25 年的坚持等待，孙记麻辣鸡块终于成为一家年产销 20 万只鸡、产值数千万元的优质企业，全国直营、加盟店有六十多家。

辛勤耕耘，静待花开。这对夫妻已经很默契了。

范淑英说："我最喜欢老孙的平和大气、胸怀宽广，除了皮一点，其他都挺好的。"孙华明则说："最初在人群中看到她的时候，我就喜欢上了。"

孙华明很喜欢下边这首歌，范淑英也是：

宁愿相信我们前世有约 / 今生的爱情故事不会再改变 / 宁愿用这一生等你发现 / 我一直在你身旁从未走远

国家级非物质文化遗产
涪陵榨菜传统制作技艺
传承人

万绍碧

五十五岁
从业三十八年

CHONGQING BAOBEI
MEISHI

母亲手里那支火把

涪陵榨菜传统制作技艺

万绍碧在涪陵上高中的第一年冬天，特别冷。

母亲要去学校看女儿。出发前夜，她切了整整一夜的榨菜，然后挑在肩上，顶着清晨的风霜雾气，赶往三十多里外的涪陵城。

整整一天，榨菜卖完了，母亲手里攥着沉甸甸的 6 块 9 角钱。很快，这钱就变成了万绍碧身上的新棉衣。天色已晚，母亲要连夜赶回家，但她身上一分钱都没有，坐不了车。

母亲从空担子里拿出火把，点燃，跟 16 岁的女儿匆匆道别，便转身而去。她要沿着峡江边的山路步行三十多里回家。

那支小小的火把渐行渐远，终于消失在夜色里。

母亲的榨菜，是万绍碧童年最熟悉的食物，也是她学费的来源。

涪陵两江环抱，是著名的茎瘤芥（俗称青菜头）产地。在亚热带季风与降雨的抚慰下，青菜头有了致密紧实的组织结构和肥美鲜嫩的独特风味。

万绍碧从小就在榨菜架里捉迷藏，在榨菜地里挖蚯蚓，不过做得最多的正事，是在榨菜作坊里穿菜头。

7 岁，万绍碧刚上一年级，放学写完作业后就会坐在堆成山的榨菜里，用冻得发红的小手穿菜头。每个青菜头都要先用刀剥去菜筋，然后用两米长的竹丝把菜头穿成串。这样一串菜头有将近 20 斤，作坊收购价每串 1 分 5 厘，万绍碧一天差不多能穿八九串，挣到 1 角钱。

所以万绍碧从小就明白，这些绿得像翡翠一样的青菜头，能让人看到希望。

涪陵榨菜的历史延续了一百多年。《涪州志》记载：清光绪二十四年（1898），涪陵商人邱寿安将青菜头风干脱水、加盐腌制，经榨压除去卤水（盐水），拌上香料，装入陶坛，密封存放。他送了一坛给在湖北宜昌开酱园的弟弟邱汉章，邱汉章在一次宴会上取出请客人品尝，举座皆惊，争相订货。

第二年邱寿安便开了个作坊，原来毫不起眼的青菜头从此有了一个新名字——榨菜。这道奇异的美味很快风靡中外，拿下了 20 世纪初“巴拿马万国商品博览会”金奖。自此，涪陵变成了“中国榨菜之乡”。

榨菜之乡的核心区域，就在沿长江、乌江两岸不超过 200 公里的狭长地带。这里家家种榨菜、人人做榨菜，万绍碧的母亲就是其中的高手。而父亲万兴忠，则是一个传奇了。

20 世纪 50 年代，万兴忠进榨菜厂，师从涪陵榨菜第五代传人，干了大半辈子。六十多岁的时候，他不幸得了阿尔茨海默病，也就是俗称的老年痴呆，神志不清，有时候连家人都不认得。但每到榨菜制作季节，老人必定清醒过来，剥菜筋、穿菜头、腌制压榨、拌料装坛，每个程序一丝不苟，每种配料精确无误。

患病的十多年里，他每年都要亲手制作十多坛榨菜，直到完全丧失行动能力。你说，这榨菜是不是跟他的呼吸和心跳一样，不需要思考也能完成？

父亲母亲的一生，都和榨菜血肉相连。那么万绍碧呢？她时常默念这样一首诗：

种撒白露间，移栽寒露田。经冬蕴采厚，春获翡翠千。习风送露走，腌榨土窖坛。育得百味长，开坛万家香。

这是在讲榨菜的生命之旅。

白露下种，到寒露时移栽到菜田，经历霜降、立冬、小雪、大雪、小寒、大寒，直至立春、惊蛰，榨菜 200 天的生长周期大多是在低温寒冷、浓雾雨雪的日子中度过的。

成为丰美饱满的青菜头之后，又要经过剥筋、淘洗、晾晒、腌制、压榨、拌料、装坛、发酵等十多道工序，才能去到土坛中静默嬗变。等到夏至之时，鲜香脆嫩的涪陵榨菜便会绽放。

万绍碧进榨菜厂时 17 岁。四五米高的菜架，

她一个人扛；150 斤一担的菜头，她一个人挑；清洗菜坛，盐水浸到手脚上痛痒难耐，她 10 个手指都磨破，还是一声不吭。

尤其是下菜池抱榨菜。寒冬腊月，池底的盐水咬皮蚀肉，冰冷刺骨，万绍碧和工友们每人二两白酒一口闷掉，然后纵身跳进菜池。

风干、盐渍、压榨、发酵……榨菜的颜色渐渐由翡绿变成玉黄，其间有着说不完的艰辛。

风干青菜头用的菜架需要在长江边搭设。菜架竖立在江面沙滩上，呈人字形，由两根圆木的顶端固定后构成，左右间距七八米。圆木之间从上到下缠上一层层竹绳，几百个架子动辄绵延几公里，蔚为壮观。

榨菜必须搭在这菜架上，靠江风脱水风干。风干完成后，下架进大池

腌制的工序也非常烦琐。头道盐腌 7 天，再用竹器囤压。二道盐腌制 15 天，再用竹器囤压。三道盐再腌 30 天，配料、拌料之后，就可装入土坛。每装好一层榨菜，必须用竹挑将其压榨紧实，最后用榨菜叶封好坛口，倒立陶盘加上清水，形成一个密闭空间。

在这个密闭空间里，二十多种香料和调料共同作用、反复浸润，通过发酵产生大量水解植物蛋白，慢慢滋生出众多乳酸菌，最终形成传统手作榨菜独有的酱香风味。

这场华丽的变身，前后共需要 180 天。

将近 40 年过去了，万绍碧从一个青涩的小厂妹变成了国家级非遗传承人，掌管着庞大的涪陵辣妹子集团。

如今，她既喜欢穿着漂亮的旗袍上台走秀，也能跳下盐腌池抱榨菜；她既喜欢读稻盛和夫、李嘉诚、褚时健的传记，也喜欢蹲在江边菜架下观察榨菜风干的成色，看它们是不是全身柔软、手摸无硬心、外观现皱纹。捏完、看完，她还要直奔谈判桌，把战略投资引入集团公司。

不管每年的制菜季节有多忙，万绍碧都要亲自动手做一坛榨菜。12 道工序，一道一道慢慢走，选料、淘洗、剥筋、风干、腌制、压榨、配料、拌料、装坛……然后把一切交给时间。

这是对父母最好的纪念。母亲当年打着的那支火把，其实从未消失在夜色里。

重庆市级非物质文化遗产
涪陵油醪糟传统制作技艺

传承人

袁朝辉

三十九岁
从业二十余年

有一个苦尽甘来的秘方

涪陵油醪糟传统制作技艺

峡风吹过江面，吹进涪陵武陵山中一个背阴的房间。房间里堆满了黝黑的土陶罐。一个身形窈窕的女孩用力抱起一个陶罐，贴近耳边，双手开始轻轻摇晃罐子。

罐子里传出细微声响——哗哗哗，水声清澈而整齐，咕咕咕咕像低吟的歌谣。女孩听着听着，脸上浮现出微笑。

她叫袁朝辉，名字里铺满清晨的阳光。这个动作，她已经做了 20 年。

土陶罐子里装的是醪糟，涪陵油醪糟最基础的食材。醪糟本来十分寻常，但要做到味道纯正、造型漂亮，就得像老中医把脉一样，去捕捉那些糯米的呼吸。

做的时候，如果你直接打开陶罐观察，或者舀出来尝一尝，那么这罐醪糟的气息就会散乱，糯米发酵后产生的清香就会跑掉，整个品质必定大打折扣。

所以，袁朝辉的醪糟发酵到关键时刻，一定要抱起坛子用耳朵听。这是醪糟酵酿最美好的时刻，糯米、酒曲和清水缠绵悱恻、如痴如醉。这时的醪糟米粒饱满而软硬适中，酒曲发酵后的香甜附着在糯米上，散发着醉人气息。

常有人说，不要这么麻烦，你要是把罐子打开尝尝醪糟做好没，也没人知道啊。

袁朝辉只是笑笑。“怎么会没有人知道呢？这里的每一罐油醪糟都贴着我的名字呢。”就像多年以前，巴黎卡地亚珠宝工坊的工匠们天天打磨珠宝的背面时，也有人问：“顾客戴珠宝是不会看背面的，有必要这么做吗？”

工匠答：“上帝会看到背面。”

1978 年，袁朝辉出生在涪陵一个叫丛林的小村子。

袁氏家族代代传承油醪糟制作手艺。爸爸是个能人，在村里开了一家小预制场，生活相当不错。小时候，每到过年时，爸爸就会做油醪糟，袁朝辉就守在灶台边，趁爸爸不备，偷偷用手指沿着锅沿抹一圈，手上便沾满了油醪糟，放进嘴里，能一直香到心窝。

20 世纪 80 年代末，爸爸带着女儿到涪陵城里上学。一家人刚安顿下来便遭遇投资失败，亏掉了所有的钱。爸爸为此一夜白头，枯坐病床。12 岁的袁朝辉突然萌生出一个强烈的愿望：我要挣钱，要养家。

小孩子怎么赚钱呢？她在上学路上发现有人在卖削好的水果，1 角钱一小袋。她觉得这是个好生意，于是跑到码头边的一家水果批发门市，帮人家扫地、搬水果，条件只有一个：请老板把那些磕伤碰坏的水果送给她。

袁朝辉把水果一一洗净、削皮装袋，趁每天上学放学那点空当拿到街上去卖，也卖 1 角钱一袋。第一天她就卖出去几十包，挣了好几块钱。

街上卖袋装水果的人越来越多了。袁朝辉即便把课余时间全用上，也挣不了几个钱。实在没法子，她便跑到涪陵城里随处可见的“扁担宿舍”去开拓市场。

扁担，俗称搬运工，也就是重庆城里著名的“棒棒”。20 世纪 90 年代，号称“小山城”的涪陵到处都是扁担，他们群居在廉价房屋内，逐渐形成了扁担宿舍。

她一进去就被扁担们赶了出来：“下

力人没钱买水果。”袁朝辉不放弃，厚着脸皮一次次地去，还趁扁担们出去扛活的时候，帮他们打扫房间、洗衣服。渐渐地，扁担们喜欢上了这个又懂事又勤快的小姑娘。“妹儿，那就买一袋苹果嘛。”“我也来两袋梨子。”

到后来，扁担们上工前总会放几角钱在枕头上，让袁朝辉帮他们配水果。

除了卖水果，袁朝辉还和妈妈在菜市场摆了个副食摊。有一次母女俩从老家贩了一大车南瓜来卖，8 分钱的进价，只能卖 1 角 5 分。可搬运费就要几十块钱。十多吨南瓜，母女俩自己动手搬。汗水浸湿了衣裳，双手打起了血泡，袁朝辉硬是一声不吭。

摆地摊、开火锅、卖饺子……从 12 岁到 17 岁，同学们都有各种美丽的愿望，可袁朝辉只有一个念头：“只要能帮爸爸妈妈，只要能在城里有一间房，什么都愿干。”即使后来患上了肝硬化早期，即使在进货路上一头栽倒昏迷过，她也没有改变理想。

后来，袁朝辉摆了个“霸王饺子摊”，除了卖饺子，还兼卖家传的油醪糟。

袁家的油醪糟制作技艺传到爸爸这里，已经是第 11 代了。一坛糯米，一罐猪油，一口铁锅，一堆当地土产的核桃、芝麻、红糖、桂花，构成了油醪糟绵绵不绝的三百年过往。

第一天卖油醪糟，收入 7.5 元，这个数字袁朝辉至今记得清清楚楚。她说，做了一段时间食客反响很一般，自己都打算放弃了。有一天有个陌生老人很惊讶地说："咦？你们还有油醪糟卖呀！"便坐下来吃了一碗。"太好了，就是这个味！妹儿，你一定要坚持做下去哦！"

老人说得没错。袁朝辉的霸王饺子和油醪糟很快成了涪陵出租车司机们的标配夜宵。司机们半夜跑完车，都会成群结队到袁家小店吃上一盘饺子，喝上一碗油醪糟。

袁朝辉的油醪糟到底有什么秘方呢？她直笑："非要说有秘方的话，就是用心。"

先说淘洗糯米，她的方法是顺时针轻微搅拌，绝不"胡搅蛮缠"。米衣对发酵至关重要，这样才不会破坏糯米的米衣。

再说发酵。她撒药搅曲后，只会给糯米喷一点点水，然后随时观察糯米的色泽、膨胀度，进行温度调整。袁家有家传的曲药，这些使用数十年的菌群会高效分解米中的葡萄糖。菌群种类越多，醪糟发酵的层次就越多，口感会越丰富。

还有蒸米。木甑上气后，必须敞开甑盖，不让它有回水蒸下去，这样会让糯米有硬度，便于成型发酵，促使香味更浓郁。炒制也很关键，袁朝辉却只轻描淡写地说，就是火候和手感而已。

但这"而已"二字，却能把苦熬成甜，值得用 20 年的青春来修炼。

重庆市级非物质文化遗产

垫江酱瓜传统制作技艺

传承人

熊严

五十七岁

学艺四十年　从业十八年

种瓜得瓜

垫江酱瓜传统制作技艺

CHONGQING BAOBEI MEISHI

今天的四川人和重庆人，十有八九都来自湖广填四川。

从南宋末年到康熙初年，几百年战乱下来，四川人所剩无几。于是，以湖北、湖南为先导，几乎半个中国在皇帝的号召下开始向四川迁移人口，前后持续近百年，直到乾隆时期方才作罢。

移民们带来了劳动力和生产技术，还带来了各种农作物的种子。种子里哪怕有一些并不是生存的刚需，但只要通过辛勤的耕种、巧妙的后期制作，就会创造出有价值的食物。这样的食物，既能让人牢记故乡的味道，也能开拓新市场，带来异乡生活的新希望。

乾隆初年，江西某地一个名叫李斯徽的青年农民，就带着这样的想法，怀揣几包川人很少见到的种子，踏上了入川之路。

日晒夜露的酱瓜，表面会出现蜜枣一般的褶皱。

他徒步走了差不多 1600 公里，最后落脚在重庆东北部的垫江县。

李斯徽带来的种子叫花瓜。这是一种外形和口感都很像黄瓜的农作物，不过要更短、更胖一点，生吃起来除了比黄瓜更脆以外，还有一点生涩夹口。

花瓜喜欢生长在碱性很重的土地里。寻常地里倒也不是不能栽，只是栽出来后就泯然众瓜，全无特点了。

那要它有什么用？不是有正经的黄瓜吗？

没办法回答你。老天在创造一个物种的时候，不会考虑那么多，他只负责往人间一丢，剩下的全看这东西自己的造化了——有人欣赏你，你就能活下去，否则，就自生自灭吧。

按理说，古怪的花瓜就是来人间打酱油的角色。然而，偏偏就有人欣赏它，觉得它还是有用的。

在李斯徽的老家，盐渍花瓜曾是一道风味小菜。

每年农历三月是栽花瓜的时节。经过大约三个月的栽培，入伏后即可收摘。清朝的江西人会不厌其烦地将其浸泡水洗来除去瓜里的碱性，然后用一定比例的盐水浸泡 3 ～ 6 个月，开坛后切丝或切块，就可以吃了。

李斯徽就靠着这门手艺，在陌生的四川安身立命了。如若不然，这个几乎赤手空拳来“填四川”的江西家族是无法在 100 年后的咸丰年间，把花瓜做成一门大生意的。

咸丰初年，19 世纪 50 年代，一个叫李永芳的商人在垫江县城北门开了一家名叫“李酱园”的大作坊，主卖一种叫作“酱瓜”的风味美食。

这商人是李斯徽的重孙子。他的“酱瓜”，就是太爷爷不远千里带来的花瓜。

垫江是一个传统农业大县，土质优良、物产丰饶，要找到适宜花瓜生长的碱性地并不容易。

李家人找到了为数不多的红色硝碱地，播撒下了不远千里带来的种子。他们年年辛勤播种、栽培、收获，所有的花瓜都做成了酱瓜。

说好的盐渍花瓜，什么时候变成酱瓜了呢?

咸丰年间的“李酱园”还有一个前缀，叫作“永芳恒”。李永芳这么高调的底气，很大可能是来源于独家“黑科技”——用甜面酱腌制花瓜，从而得到比盐渍花瓜更精致的食物。

甜面酱是这么做出来的：

用小麦粉加上井水和盐，捏成一寸高、五寸长的面团，蒸熟后切成小块、放入簸箕，盖上田野里常见的黄荆叶，自然制曲。

大约半个月里，霉菌会爬满面团全身，把它们变得通体青黄斑驳；放入土陶酱缸，掺入井水，再用力搅拌，就会得到一缸酱醅。

接下来，就是长达三个月的“日晒夜露”了。酱缸一排排敞放在晒坝里，微生物在阳光雨露滋润下自由地呼吸生长，逐渐改变酱醅的本性。在这期间每天都得手动翻缸，一块块地捏碎那些顽固的面团，直到全部化渣。

每年正月十五后开始制酱，要等上差不多四个月，甜面酱才能出缸。这时候满缸棕褐，明亮油润，酱酯香浓，醇正回甜，一派丰收的气息。

地里的花瓜也正好熟了，可以合成酱与瓜了。

酱＋瓜，简单。把花瓜洗净，纵剖成两半，去籽，加盐浸泡，再风干脱水，就可以放到盛满甜面酱的大缸里，同样的日晒夜露三个月，就成了。

然而简单中却藏着无数艰辛。你每天都要把瓜从酱缸里一瓣瓣地捞出来，仔细捋去瓜体上的酱醅，同时尽量挤出瓜里的水分，再一瓣瓣地放到新的酱缸里去。

花瓜们吸饱了酱汁，被排出，再吸饱，再排出，酱与瓜你中有我、我中有你，等到 11 月间秋冬交替的时节，它们就永远在一起了。把酱瓜捞出来切成丝或块，它们就会以一种类似琥珀色的半透明状态冲你微笑。

入嘴后自然是各种脆、嫩、鲜、香，尤其是那种“嘎嘣”的嚼感，特别来劲。说不定你会因此想起李斯徽的故乡，遥想滕王阁上的雅聚，或者江南烟雨中的小酌。

你用荷叶裹一下，就能拎着一包酱瓜慢悠悠地回家去了。温暖家宴就在前方，你不会想到此前的三个多月里，李永芳每天都在为你汗如雨下。

又过了将近一百年，“李酱园”传到了李永芳的孙子李渊儒手上。

与爷爷相比，李渊儒更加精进，常年都是几百上千个缸子一齐开工。终于，在 20 世纪 40 年代，他把“垫江酱瓜”彻底发扬光大了。那会儿销路真是好，就连重口味的重庆人也喜欢——解放前后，重庆老字号“人道美”一直定点要货，卖得不知有多欢。李酱园为此需要常年养着好几十号伙计。制酱、种瓜、做酱瓜，加起来整整 10 个月的生产周期，

每件事都非人力手工而不能为，真要那么多人的。

李渊儒因此荣升“民族资本家”，家里日子一度很滋润。他的女儿在垫江女子中学读书，上学、放学都有丫鬟跟着背书包，大小姐的气场很强。

可是，生活并没有把女儿变成大家闺秀的打算。她终究还得靠父亲传下来的手艺，艰难求生。

1993年的一天，垫江县盐业公司的一个青年职工跑到当时的渝州大学，自费学习经济管理。

其实在那之前他就已经办了停薪留职，学成之后，火速奔向深圳。那十来年里，小伙子在深圳打工、创业，扎下了根。老家的熟人们常常拿他当榜样去传播一个很励志的创业故事：“你看那个熊严，人生赢家啊。”

熊严是很成功。可当他把户口迁到深圳，准备继续成功时，家里却有人扯后腿了：“你给我回来。”

发话的是他的母亲，名叫李佑琼。对，解放初期垫江李家那位大小姐。

这一年是2000年。由“李酱园”公私合营、后来又改制而成的垫江某

绿色食品有限公司破产了。破产的原因很复杂，但有一条是肯定的：市场在急剧变化，酱瓜销路越来越窄。

企业破产的前一年，89 岁的李渊儒撒手而去，百年酱瓜传奇终结在了世纪之交。各种工具被随意丢在厂区里，无人照看，渐渐爬满蛛网与灰尘，令人伤感。

李佑琼时常想起父亲的操劳与希冀。酱瓜是江西李家辗转三千里、传承三百年的见证，是她心中的念想，不管将来如何，最起码不能毁在自己手里。

那会儿她也 60 多岁了，干不动了。还好，她有一个儿子、一个女儿。

1980 年，熊严高中毕业后没考上大学，在家闲了几年，便跟着母亲学做酱瓜。那时候母亲在厂里上班——大家闺秀的路走不通，只能到曾经属于自家的工厂当工人，这一干就是数十年。

母亲每年都要在家做一些酱瓜自己吃。不用太多原料，几十斤花瓜和小麦粉就够了；也不用多少工具，一两个小酱缸足矣。

常年帮母亲打下手，熊严早成了制酱瓜的专家。不过他后来进了国企，再后来又下海，从没想过以酱瓜为生。如今母亲发话了，那是老李家的血脉，断在谁手里，谁就是罪人。

熊严回来了。母亲这一生不容易，当初娇滴滴的一个大小姐，使尽洪荒之力把他和妹妹抚养成人，如今，没有比完成她的心愿更能报恩的了。

2002 年，熊严回乡创建了一家名叫“明月山”的农产品公司。明月山是重庆四条大型山脉之一，在垫江这一段风光尤其秀丽。借它的光，去开创又一段成功的人生，多好。

青门种瓜人，旧日东陵侯。

十多年过去了。华发早生、满面沧桑，看上去就跟垫江乡间的老农没什么两样，熊严这一路走得真辛苦。

技术没问题。管理也没问题，他在深圳管过企业，妹妹熊玮还是垫江县委党校的老师，教经济管理和财会，业余时间能帮大忙。有问题的只有一样：酱瓜越来越难卖。

十多年里，熊严拼了命地晒啊、露啊、捋啊、榨啊，做出了史上最好的酱瓜，获得了无数“名特优新”之类的奖牌，可就是解决不了销售难题。到后来，一年做 20 吨都嫌多。

20 吨酱瓜，就算一两不剩全卖完，收入也就 30 万元左右，利润嘛，只有一成左右。大部分成本，都花在了二三十号工人身上。

你见过哪个正经企业能这么活下去?

再看看 20 吨酱瓜的去向——山东，爱吃甜面酱的地方；江西、福建，酱瓜的老家；就连广东都上了榜，广东人不挑食嘛。就是很难找到四川、重庆，这可是垫江酱瓜的根本之地。

口味偏离了本地消费者的喜好，这是最危险的。然而你对此毫无办法，因为花瓜是如此倔强的一个存在，它只能做成眼下这个样子。无论包装如何豪华，它都只是餐桌上的一道佐酒小菜，并不是无可替代。

你又见过哪一种小菜，零售价能卖到好几十块钱一斤的？

那可不可以把价格降下来，让它最起码跟泡菜这种对手一个水平呢？

熊严不是没想过。为什么贵？就是全手工造成的。跟酱瓜混了半辈子，他很清楚哪些环节可以用机器来代替人工，比方说最费人力的“每日一捋”——

要是把酱缸改成平直的酱槽，一台机器从头开到尾，机械臂左右开弓，每天把酱瓜捞出来捋净、换缸，10 分钟就能搞定从前需要大半天才能干完的活，节约的人手起码十来个吧。

改厂房和买机器的费用，算下来也不过三五百万元，不算天价。

可这事终究没干成。很简单的一笔账：这套系统除了做酱瓜，干不了别的；而目前这点儿酱瓜订单，就算利润能提高三四倍，要收回几百万元的投资，那得三五十年以后了。

一个负责任的企业家，怎么能干这种事。

简直是死循环。对熊严来说，这就叫百年未遇之大变局，一着不慎不但酱瓜要凉，连他自己也要搭进去。

他可不想坐以待毙。酱瓜就订单式生产吧，一年能稳住那点规模，补贴一下企业费用也是可以的。挣钱的事，交给其他业务来做吧。

2017 年，熊严咬牙掏出了这十几年挣到的所有钱，在垫江高安食品工业园区建了一座新厂，添置了成套设备，全力转产新品：剁椒酸菜鱼系列底料，麻辣鱼系列底料，各种酱腌小菜、榨菜，各种调味品，等等。全是家里常用、市面上好卖的东西。

他和妹妹隆重地挂出了新招牌：李酱园。这是先祖李永芳在咸丰年间创立的品牌，奠定了老李家随后一百年衣食不愁的生活。

当年的“李酱园”，除了卖酱瓜，也卖各种自制酱腌制品。那么，今天为什么不能这么做呢？老天让熊严这个人降生，除了做酱瓜，必定还有别的用处，对吧？

新的“李酱园”，如今一年的产值已能做到两三千万元了，而全厂工人也不过二三十个。熊严已经尝到了甜头。

可他仍然很纠结：酱瓜怎么办？说它没用了吧，还有很多地方的人需要它；说它有用吧，一年才这点儿单子，又有多大用呢？

母亲李佑琼已八十多岁了，还时常念叨酱瓜那点事儿，要儿子女儿好好干，别把它弄没了。真让人感慨不已。

那就继续做下去。只要在做，这项手艺就不会消失，将来的子孙们就会知道，李家的每一代人都很努力。

如今，垫江除了熊严、熊玮这两兄妹和熊严的儿子熊庶外，没有多少人做酱瓜了。垫江唯一的花瓜种子就在他们怀里揣着，他们踩着自己的节奏，一年一年地种瓜得瓜，不疾不徐。

先祖李斯徽怀揣种子千里入川的时候，一定没想到这一茬：他传下来的最大财富，居然并不是酱瓜。

重庆市级非物质文化遗产

长寿血豆腐制作工艺

传承人

曾树民

八十岁

血豆腐做了七十年

两座老石磨，推满一百年

长寿血豆腐制作工艺

CHONGQING BAOBEI
MEISHI

重庆有个长寿区，以前叫长寿县。长寿有一种土特产：血豆腐。

这是一种类似饭团子的圆形食物，由豆腐混杂猪肉捏成，乳白本色里带有淡淡的棕红。你若望文生义，很可能会这么想：嗯，必定混杂了猪血，不然怎么解释那一抹血红呢？

别急。跑到长寿的地界上干追根溯源的技术活儿，不听听寿星的说法，那怎么行。

长寿有个长寿湖，湖的北边十多公里外有一座长寿山，山旁边还有两座小山，一座叫大罗山，一座叫小罗山。多少年来，福至心灵的长寿山领着大小罗山三山合力，围出了一个寿星辈出的小村庄——罗围场。

2019年元旦过后的一天早上，寒风、微雨。50岁的曾荣芳把读小学五年级的小儿子送到学校后便出发了。她住在长寿山下的寿山场，要去大罗山下的罗围场看望父母，同时办一件要紧事——

给父亲打下手，做今年的血豆腐。

从寿山场步行到罗围场，说话就到。越过山丘，爬上山岗，村道走到头时，家里那幢三层高的小楼便在眼前。楼下院坝里早已准备停当。父亲瘦高的背影满场飞奔，专注而干练。

再过三个月就满80岁了，这老头，还拿自己当条汉子。

在云贵川湘的很多地方，血豆腐的确是用豆腐、猪血、猪肉混在一起捏成的丸子。猪血的意义，就是贡献那一抹象征着喜庆团圆的红色。

可是长寿人却一直坚守着一个原则：不用血。

不用血，也能做出喜庆团圆的血豆腐。整整70年前，罗围场上一个叫李淑碧的农妇，就是这样跟初次见面的雇主讲的。这个雇主叫王秉楠，罗围中心小学的校长。他需要请个保姆帮着料理家务，特别是做饭。

李淑碧需要这个工作。丈夫走得早，她一人要养4个娃，光靠种田没法活的，所以她常年在本村地主老陈家帮工。

在罗围场上，李淑碧做血豆腐的本事远近闻名。每年一入腊月，她就会背着东家的黄豆和猪肉回到家，架好门前那座石磨开工。

这石磨是她下了无数次决心才请人打的，都用了十来年了，扎实、好用。

石磨缓缓转动，乳白色的豆浆汩汩淌下。煮沸后滤去其中的豆渣，再放入适量胆水，就会得到一盆鲜嫩的豆花。打来蘸料，马上就能吃。

然而豆花不是终点。李淑碧还得用干净纱布仔细包好豆花，放到竹簸箕里，表面再轻轻压上石块，逼迫水分尽快排出。等到一包水灵灵的豆花变成干怂怂的豆腐时，就得下锅炒制了。

锅里不放油。灶里柴火一直闷着烧，保持一定的锅温。豆腐下锅，不用任何工具，就用手。对，像练铁砂掌那样用手，一下一下地翻出一锅豆腐渣。

不要怕烫。心急吃不了热豆腐，手嫩则吃不了血豆腐。边炒边加入适量的盐和花椒，这将决定血豆腐的味道。李淑碧从小跟着父母干这个，都几十年了，当然是行家。

咸、香、麻味全都渗进了豆腐渣里，可以捏丸子了，便在锅里抓起一把，置于掌心，暗运内力，片刻就能捏成一个小球。在小球顶部戳一个小洞，直达球心，洞口的直径嘛——

刚好能放下一块肉。

都忘了还有肉的戏份吧？那是新鲜的刀口肉。见过杀猪你就会明白：冲猪脖子上捅进去致命的一刀，猪血激射而出，接着便会沿刀口大量外溢，染红上下左右；刀口上面的部位是腮帮子，这块肉就叫刀口肉，也叫血口肉。

若讲口感，这肉比不过里脊肉、三线肉，但若考虑价格，它却足够好。最重要的是，它是杀猪时最先见血的那块肉，既然不能用血，这个“血”字口彩当然要着落在它身上。

血豆腐一定跟火锅一样，生于贫寒人家。如若不然，发明者为何不用最好的猪肉呢？

那为何又不用猪血呢？如果要李淑碧来讲，多半与成本和口味有关。要用猪血就必须得用新鲜的，没有人会为了做几个血豆腐专门杀一头猪的；而且猪血又很腥，难与猪肉统一味道，熏制后效果未必好。

总之，全靠你了，刀口肉。李淑碧早已把肉切成大小一致的肉块，宽约 1 厘米，长约 3 厘米，塞进豆腐球上的小洞，严丝合缝，宛似一颗龙眼。

所以长寿血豆腐还有一个叫法：龙眼子肉。

一颗一颗全捏好了。李淑碧将一张铁丝网铺在灶眼上，再把血豆腐搁上去。翻一翻灶里的柴火，烈焰腾起，血豆腐底部倏地闪耀光芒，秀出巨星般的身影。

马上背住火！于是浓烟升腾，把豆腐和肉通通包裹起来。柴火用的是柏树丫、柑子树丫，香得很。有时候陈家的太太小姐们还会把吃剩下的瓜子壳、花生壳端来加在柴火里，那就更香了。

烟火色潜滋暗长，乳白渐渐变成了棕黄。黄色渐渐发亮，又转变为红色。不一会儿灶房香气四溢，血豆腐做成了。

倘若一直挂在灶房里，由烟火和山风交替照拂，可以吃到半年左右。倘若马上要吃，煮一煮或蒸一蒸后切成片就可以了。亮色外皮下，紧致的豆腐瓤包裹着龙眼似的肉馅，有点像香肠。

一入口你就知道，那种松软化渣法是香肠替代不了的。多嚼几下，烟火送入豆腐内部的植物清香渐次散发，一嘴奇异的味道，难以形容。

李淑碧却没时间体验。她紧赶慢赶，把东西一一装进背篓，准备送到东家去。一扭头，心却软得一塌糊涂。

因为灶旁站着她最小的儿子，才七八岁大，双手趴着灶沿，馋得直流口水。“从来都只有菜糊糊吃，眼看要过年了，妈妈手上刚刚做出来那么好的龙眼子肉，可不可以，让我多闻一会儿呢？”

这孩子叫曾树民。许多年后，他成了曾荣芳的老父亲，一到做血豆腐的时节便满场飞奔，专注而干练。

从老陈家辞工后，李淑碧又去王校长家见工，当天便上岗了。

又逢过年，又得做血豆腐。罗围海拔较高，每逢冬腊月间便会时不时地飘雪，所以一年做一回的血豆腐又叫雪豆腐。今年李淑碧带上了曾树民。这孩子从懂事起就跟着打下手，这么些年下来，看也看会了。

十岁的曾树民真是“老司机”。妈妈筛豆，他会浸泡；妈妈推磨，他会加料；妈妈点豆花，他会压豆腐；妈妈炒豆腐，他会切肉块。母子齐心，其利断金，很快便搞定了。

然而王校长很少回家，上好的血豆腐凉了又热，热了又凉，总难等到识货的人鉴赏。李淑碧很久以后才知道真相：

王校长是地下党，每天都干着掉脑袋的工作。就连雇用她这个保姆，很大程度上也是为了潜伏。

冬去春来，又到了年尾大雪时节，长寿已换了人间，王校长要去重庆城当大干部了。他们一家希望李淑碧跟着一起走，继续像家人一样相处。

母亲离家的日子，家门外那座石磨便没人再用。每隔一段时间，曾树民会把它擦得干干净净，因为到了腊月，妈妈可能就会回来推豆子、做血豆腐，所以得让老磨保持最好的状态。

几年后，妈妈过不惯城里的生活，终于决定回家去，再也不走了。反正孩子都已长大，她可以歇歇了。

1972年，曾荣芳4岁，奶奶李淑碧去往了天国，临走前手指向门外，把那座老磨郑重移交给了最小的儿子。

曾树民终身务农，别说重庆城，就连长寿县城都很少去。

最困难的年月里，一年一度的血豆腐工程不得不停罢。直到曾荣芳 12 岁过生日那一次——都到了 1980 年——才吃到了人生中第一顿干饭。香。

所以小时候，曾荣芳和弟弟特别盼望家里来客人，因为这就意味着今天又有干饭吃了。如果客人恰好在腊月登门造访，那就更美了，因为父亲又会推起门外的老磨，开始做血豆腐喽。

推啊推，一直推到了 20 世纪 90 年代，老磨终于推不动了。从奶奶李淑碧请石匠那天算起，这座老磨已运转了快 60 年，磨盘磨得一边高一边矮，再也无法修复。

于是老磨被请到了田野里，从哪儿来的，就回哪儿去。它与山梁上李淑碧的墓碑遥遥相对，分享着清风与鸟鸣，还有那些辛劳的时光。

曾树民打了一座新磨，继续推。他从不把血豆腐当生意做，做多做少，全看心情和家里计划。你要吃，白送；你要买，对不起，不卖。

推啊推，转眼又是二十多年。到了 2019 年，新磨又变成了老磨，一边高，一边矮。

曾荣芳的弟弟十多年前病故了，家里只剩下曾树民老两口，守着三层楼和几亩地，好难熬。不过后来他俩也想开了。人这一辈子，就像石磨子，能修当然好，要是不能修了，就从哪里来便回哪里去吧，都是最好的安排。

还好，这磨子还能修。老爷子眼不花、耳不聋、背不驼，一米七几的身板，看上去像个七十不到的老小伙，再干个一二十年，问题不大。

那就可以把家门外的石磨子，推到一百年开外去了。

开始熏制，烈焰腾起，
血豆腐底部倏地闪耀光芒，秀出巨星般的身影。

重庆市级非物质文化遗产

长寿薄脆传统制作技艺

传承人

王怀

五十六岁

从业十九年

没有厚，哪有薄。

长寿薄脆传统制作技艺

CHONGQING BAOBEI
MEISHI

一部壮美博大的《川江号子》，取材于川江流域不同的人、不同的事、不同的景物。比方说其中一首《跑江湖》，便堪称舌尖上的川渝土产大全：

永川豆豉古蔺笋，合江的猪儿粑和罐罐肉（ru，入声）；江津广柑品种多，太和斋的米花糖猪油酥（tu，阳平）。好耍不过重庆府，买不出的买得出；朝天门坐船往下数，长寿饼子灰面做……

唱着唱着，船从朝天门一路拉到了长寿河街水码头。船工纤夫们要去买最好的干粮——长寿饼子。

那时候，这饼子可既不薄，也不脆。

明清以来，长江边的河街就一直是老长寿县的 CBD。

直到清朝咸丰年间，畅销河街码头的长寿饼子也并无特别之处，可能就是糖放得多而已，这样可以造成更丰富、更精致一点的假象，让跑船的人们不至于对生活绝望。

它仍然需要油炸。没办法，既然是面粉做的，要想长时间存放就非炸不可。这就产生了矛盾：油炸食品冷却后很不友好，对口腔和肠胃造成的暴击，何止一万点。

清末时期，一个叫王海的卖饼人开始琢磨：如果不用油炸，饼子又会怎样？

当然会更好吃，这还用想。可死结在于，如何解决霉变问题呢？清朝小贩王海硬是凭着半辈子的实作经验，悄悄接近了真理。

首先，要把饼子做薄，越薄越好，这样里面的水分就少。水是霉变之源，对吧？其次，熬糖很关键，既要排除不必要的水分，又要留足水分来唤醒和融合糖的精华，这样即便不用水，也能把面粉凝聚起来。最后，用干锅烘焙替代油炸。油炸会把水锁在饼子里出不来，万万要不得。

于是一张薄薄的、硬硬的干面皮就烘出锅了。你用指尖把它拈起来，就着阳光一看，薄得像一张纸。掰下一块嚼两下，起初脆生生的，但迅即融化，变成一嘴甜蜜温暖的渣渣。

咽下去，你能从口腔一直甜到胸腔。再苦的生活，也会被它感化。

王海把这饼命名为“烧薄”，且很快就卖成了河街的爆款。它完美地实现了发明者的初衷，从干粮进化成了独具特色的甜点，风靡川江上下。人们给“烧薄”起了个正式的名字——长寿薄脆；同时也给王海起了个响亮的绰号——王薄脆。

清末以后的七八十年里，长寿薄脆一直很风光，可到了改革开放时期就不行了。因为纤夫消失了，船工工资见涨了，好吃的甜品越来越多，其貌不扬、口味单一的薄脆哪怕作为干粮的价值都已不复存在。

也许，它该退出历史舞台了。

1979年夏秋之际，住在河街的一个少年考上了西南师范学院教育专业。这个学校如今叫西南大学，在1979年能硬考进去的学生，不知道有多牛。反正那年在整个长寿县，考上大学的人一只手就能数过来。

这位河街少年名叫王怀，那年还不满17岁。

那时候要从长寿赶到北碚缙云山下的学校报到，不管是坐船还是坐车，都得花一两天。出门前，老爹让王怀带上了一大包薄脆，怕他在路上饿着。

这是老爹亲手做的。清朝王薄脆的传人，解放后成了长寿县国营糖果厂的职工。而王怀的老爹，就是这位传人的传人。

有两件事王怀自己也没想明白。第一，他是个文科生，可大学几年读下来最大的收获，居然是培养出了理科男的思维，凡事都喜欢讲量化、讲数据。第二，父母都是普通工人，安贫乐道、万事求稳；6个子女里就这个幺儿有出息，本该成为家风家教的代言人，可偏偏就是他，一生不羁放纵爱自由。

毕业后，王怀被分到了渝中区某高职院校教书，干着干着就想挣钱去了。于是他承包了学校的保洁业务，每天上完课就急匆匆地跑去冲厕所，美滋滋的。

那是20世纪80年代，国家培养一个人才不容易。可王怀同学却想证明一点：人才怎么了？就不能冲厕所了？

王怀真正的梦想还没跟人说过：做薄脆。从小学到中学，从河街到缙云山，他一路嚼着薄脆长大，薄脆就是他生命中的主食和家的味道。“我还没吃腻，你怎么敢消失？”

于是他决定了35岁后的人生方向。不是为了输赢，就是为了喜欢。

世纪之交，王怀用冲厕所和做各种兼职生意攒下来的钱开起了工厂，主营业务就是濒临失传的长寿薄脆，也做血豆腐等长寿传统的土产。年迈的父亲坚决反对。他实在想不通这么优秀的一个儿子，为什么要去做那个连自己都不想再做的“老古董”。

糖液揉面 + 擀薄面皮 + 铁圈压模 + 烘焙 = 长寿薄脆

历史长河里尸骨成堆。可王怀说薄脆不是尸骨，是遗产，应当有人去继承。

父亲还是妥协了，跑到儿子厂里去做技术指导。首先教的是熬糖，这是长寿薄脆最核心的工艺，父亲玩得游刃有余：

一盆晶体状态的蔗糖加一定比例的水，就能达到糖分与水分的最佳平衡点；经过艰苦的手工熬制，最终做到一瓢糖液舀起来再缓缓滴下，糖线成丝，历久不断。

只有这样的糖，才能做出最好的薄脆。看起来很简单，王怀却熬了整整一年才初次拉出了连绵不断的糖线。父亲点点头："好，可以开始揉面了。"

父亲是老派传人，知其然，不知其所以然。但儿子是学霸，当然要搞清科学原理：哦，原来糖线是稠度的直观反映，只有熬到最佳稠度，才能在不用水的状况下把小麦粉揉成一团；擀成薄面皮后，才能又脆又甜。

那为什么揉面不能用水呢？除了会导致面皮收缩影响口感外，水还会破坏糖分营造的高渗透压环境，促使微生物繁殖，后果嘛，当然就是霉变咯。

揉面一定要始终保持一个方向，父亲说这样揉的面才好吃。王怀明白，揉面时，面筋内部的蛋白分子间会产生各种应力，导致结构紊乱，所以就得给它们预设好运动轨迹；揉完后醒面的目的，是让它们各归各位，保持顺滑劲道的口感。

面揉好了，掰下一小团，像擀饺子皮那样擀成 1 ~ 2 毫米厚薄；再用一个手镯般大小的圆铁圈一压，就是一张标准口径的薄脆雏形。然后接着打磨，用两根或三根手指抵住它，在案板上做顺时针旋转。只有不停地转，才能增加面皮的致密度，这将直接决定薄脆的脆度和化渣度。

转到薄如蝉翼时，就可以烘焙了。把一张张面皮铺到一个汽油桶似的铁皮炉顶部，下面用电加热。你只需要手持一把小铁铲，这一面烘焙得差不多了，轻轻翻到另一面就好。

父亲的手艺，儿子的知识，就像薄脆的正反两面，辩证统一。还有一样东西也是父子两代绝对统一的：手部腱鞘炎。日复一日地揉啊转的，这叫职业病，只要做薄脆，你就跑不了。

二十多年下来，王怀觉得自己当得起“工匠”二字。薄脆就不说了，就说血豆腐吧。做这东西必须先点豆花。那么豆浆在哪个温度加入胆水，才能达到最佳凝固状态呢？老人们只能靠经验，而他就可以靠试验——

他耗费了上千斤豆子来打豆浆，然后加热，从 100℃沸点一直降到 50℃，每 3℃一个刻度，一个刻度一个刻度地试，终于找到了点豆花的最佳节点——87℃。

反正他笃信，如果传统技艺的每一步都能利用科学来定性和定量，聪明的工匠就会越来越多，就更有利于传承。

56 岁的王怀身材高大、相貌堂堂，是国家一级运动员，玩羽毛球的。除了这个，他还喜欢看书，喜欢仿古家具之类的玩意儿。总之，他需要运动员的身体、学者的头脑、古玩家的广博、设计师的直觉，来帮他编织有厚度的人生，然后去做出极致的薄脆。

当然，其他能力也很重要。当年他曾背个破包，天天穿行在重庆和成都的街巷里，挨家挨户上门推销自己做的薄脆，其间的艰辛，20年前的马云必能感同身受：

如果一定要叫我推销员的话，可不可以不要加个“死”字？你知道我是大学老师吗？

濒死的长寿薄脆，终于被王怀用科学的生产方式和营销手段救活了。哪怕一袋只卖三块钱，也有不错的利润。

最近几年，为了推广自己新研发的蛋香、柠檬、椒盐等多种口味的薄脆和优质的血豆腐，王怀一改低调本性，开始出现在各种美食节目里。一上电视，王怀原本儒雅的画风说变就变，一个穿着白大褂、腰系花围裙的乡下老农扑面而来，一边干活，一边碎碎念，脸上褶子里全是丰收的喜悦。

录完节目该回家了。厂在长寿渡舟，家在重庆主城，隔着几十公里高速路。司机发动了专车，新款宝马740。王怀拉开车门坐进后排，连声说快走快走。

还是低调点好。不相干的人见了，说不定只看得到宝马，而看不到背后那些摞成山峰的薄脆。

重庆市级非物质文化遗产
黔江鸡杂传统制作技艺

苏康

五十三岁
从业二十四年

CHONG QING BAOBEI

长明慢火 煨鸡杂

黔江鸡杂传统制作技艺

重庆人把动物的内脏称作“杂”，例如牛杂、羊杂。

在世界上的很多地方，人们都是不吃杂的。但在重庆，杂类食材却能成为餐桌上光彩夺目的主角。最著名的莫过于重庆毛肚火锅了。

然而在赞美牛肚的同时，你千万不要忽视一种比牛小得多的动物——鸡。只要在合适的地方、用合适的方法烹制，即便只是小肚鸡肠，也会具备感动你内心的力量。

这个合适的地方就是重庆黔江，一个渝、黔、湘、鄂四省交界的小城。

黔江，一度是乌江的别称。小城以此命名，与乌江最大支流——阿蓬江跨境而过有关。

这是一座土家族、苗族聚居的边地小城。18世纪中叶，乾隆皇帝的时代，四省的资源商品大都在阿蓬江畔的黔江濯水汇集转运。老镇上的挑夫们不敢奢望能顿顿吃上鸡肉，于是他们盯上了被东家当垃圾扔掉的鸡杂。

一个叫谢树平的盐号老板就摊上了事儿。大伙捧着一堆捡回来的鸡心、鸡肝、鸡胗、鸡肠、鸡肾，要东家做给他们吃。

新鲜鸡肉尚且腥味浓烈，何况这收纳五谷轮回之物的鸡杂呢？事关团队士气，老谢抠破了脑袋：

要祛膻腥味，普通的辣椒、花椒不行，必须大量使用当地土家族人特制的泡海椒、泡萝卜，猛火混炒，才能最大限度中和异味，迸发出酸爽。

川渝大地，家家都会做泡菜，而土家族泡菜更偏重酸辣。酸能去腥提味，辣能驱寒祛湿，这两种极致的味道倘若能通过泡菜融为一体，那就能统辖几乎所有菜式，成为土家族的味觉地标。

黔江鸡杂的精髓，原本在泡菜身上。

自盐贩子谢树平开创这道菜式之后，泡菜炒鸡杂在黔江土地上落地生根，触动着达官贵人与下里巴人共同的味觉神经。

然而在20世纪80年代以前，这还仅仅只是一盘家常炒菜，出锅后照例要腾到盘子里才能上桌。你一边吃着，它一边冷却，美味会慢慢消散在逐渐凝固的油层里，直到索然无味。

显然，还缺少一种始终如一的仪式感，你才能真正把它当作餐桌上的“C位明星”看待。

20世纪80年代末的一个晚上，很冷，黔江城南一家鸡杂面线店快打烊了。这家店叫“长明鸡杂”，店主是个三十来岁的年轻人，名叫李长明。这时来了几个朋友吃夜宵。李长明照例炒了一大锅鸡杂款待客人，正要盛上桌去，他突然生出了一个念头：

要吃那么久，这鸡杂很快就会冷，频繁回锅又会越炒越老，有什么办法能一直保温、保鲜呢？

转念间，他顺手抄起了一口小锅，又翻出了一架久未使用的煤油炉子，

把它们组合到一起。将刚炒好的鸡杂盛在小锅里，煤油炉的火开到最小，一点一点地煨着。不要什么配菜，就是土豆条铺底、葱段铺面；也不需要加高汤，从头到尾都只用锅里的油。

油不沸腾，只会一直保持兴奋状态，让沉浸其中的鸡杂们不断被催逼出油脂与鲜香，绝不轻言老去。

对，就是在这个微醺的冬夜，黔江鸡杂由普通的出锅菜变成了隆重的煨锅菜。因为容器的变化，哪怕偌大的餐桌上只有它一个，食客们也会生出享用火锅般的获得感。

开先河者李长明，出身当地农家，很小便拜师学艺，终身与鸡杂结缘。到他死去的那一天，“长明鸡杂”的熊熊灶火也未曾熄灭过。或许只有这样一个“鸡杂狂人”，才能在偶然间被历史选中，去开创一段新传奇。

2008 年，黔江区文化部门牵头组织了一次“黔江鸡杂源流调研”，几经辗转，终于找到了李长明。调研队伍里一个四十多岁的中年汉子，激动得有些失态。他叫苏康，当时是黔江区餐饮商会秘书长。

苏康之所以激动，是因为等到了实现梦想的好机会。

彭水人苏康早年毕业于四川省运动技术学院，后来分到黔江的一所商贸学校当体育老师，就此落户黔江。

上大学那几年不富裕，苏康同学几乎顿顿吃不饱。偏偏他又生在一个与“吃”打交道的家庭，外公和母亲两代人都以做面、卖面为生，生生把他从小养成了一个吃货，嘴刁得很。

于是苏康暗自发誓：将来一定要开个馆子，想吃多少就吃多少。

工作七八年后，他终于在黔江城开了一家两三百平方米的荤豆花餐馆，取名“豆花轩”，很快就火了。他趁势又开了黔江第一家海鲜酒楼，鼎盛时期单月流水能做到三十多万元。

曾经只想吃饱肚皮的小伙，在 20 世纪 90 年代末赚到了第一桶金。他又盯上了成都——川菜王国的核心地带，要去那里赚更多的钱。

寒来暑往，秋收冬藏。

苏康在成都开过很火的苗家餐馆，也曾手握上百个餐饮档口，风光无限。但他总觉得自己做的菜、做的事都很陌生，虽能挣到钱，可就是无法融进人家的历史血脉里去，像一块浮萍，无根无依。

没办法。一个讲不出故事的老板，不是一个好厨子。对有追求、有信仰的人来说，做餐饮就是做文化，就得讲源流、讲传统、讲传承。所以只有回到最熟悉的家乡黔江，他才能接上文化的根，从一块浮萍变成一棵参天大树。

2007 年，苏康回家了。第二年他便遇到了李长明，这个黔江鸡杂发展史上划时代的小人物。

苏康只比李长明小 11 岁。调研结束后，他铁了心要拜大哥为师。

李长明发现这个小兄弟很不一般，眼界高、格局大，一心想把鸡杂从一道菜做成一个文化产业。小兄弟还手绘了一幅详尽的线路图，送给未来的师父审阅：

“师傅您看，我想先办学，短训 + 长训，搞成鸡杂‘黄埔军校’，培养一千名优秀厨师，把黔江鸡杂带到全国、全世界；

“我还想推动黔江鸡杂申报重庆市非物质文化遗产，丰富我们的文化内涵，做成百年经典；

“我还想在黔江建生产基地和中央厨房，将来全国各店的用料和制作标准都是统一的，味道不会走样，招牌不会做砸；

“我还想在全国开一千家连锁店，每家店只收一万块管理年费，每年就是一千万元品牌运营收入……”

这就是苏康今天正在做的“千人、千店、千万”计划。

2015 年，李长明终于被这个计划打动了。在生命的最后两年多里，他把一腔心血尽数传给了这个关门大弟子。

你只要具备起码的炒菜能力，能找到不错的泡菜，就差不多可以做出一锅鸡杂了。然而从像样到好吃，从成形到成精，中间却隔着无数道高山大河。

苏康至今都坚持师父的做法。例如泡菜，一定要用黔江当地的井水，那里面含有天然而适量的矿物质，是做好泡菜的基础。一定要用本地产的白萝卜、二荆条和嫩姜，入坛时加入青花椒、木瓜和胭脂萝卜。青花椒提味，木瓜提香，胭脂萝卜提色，色香味俱全。

还有选料，一定要用当天现宰的鸡杂，隔天冷冻过的要不得，异味再小也会败了挑剔食客的兴致。这是做好黔江鸡杂的硬道理，马虎不得。最好不要用鸡肝。虽然它味道也不错，但长煨之下一定是最先硬化、粉末化的，越吃越糟糕。

再例如火候，要精确到秒。因为吃这道菜需要从头煨到尾，如果前期炒制不够，食客一吃就会吃出生腥味，满盘皆输；但是炒过了也很不堪啊，煨着煨着，一切都会老去。

从2008年到现在已十余年了，苏康觉得自己一直在努力，没有忽悠师父。

他在全国各地已开了8家店，最远的一家开到了辽宁。他的千人培训计划也已起步，跟职业学校合作办学，已培养了几十名合格的学员。

苏康的店叫“苏锅锅黔江鸡杂”。他精心设计了一个LOGO：自己的线描头像，印在一个圆圈中央。对，就像肯德基那个老头。

他已经发现了黔江鸡杂的致命弱点——虽然很有仪式感，但说到底它只是一道下饭菜，高端上不去，低端也下不来，它需要食客呼朋引伴坐上起码两个小时，不适合上班族。

要做产业，非把鸡杂往快餐化方向引不可。这就是“肯德基”的初衷。

苏康想把黔江鸡杂弄到重庆的网红打卡地——洪崖洞去卖。

只需要支起两个锅子、炉子，用慢火一直煨着；客人来了，点一份饭，或者一碗同样是非物质文化遗产的濯水绿豆粉，再扣上一大勺现成的鸡杂，立等可取。

你们尝试过鸡杂下饭的酣畅淋漓吗？要不要了解一下？

真可惜，师父看不到了。2017年6月26日，62岁的李长明病逝。苏康把这一天命名为“黔江鸡杂日”，每年的这天，旗下的店一律半价，以此纪念亲爱的师父。

这个生于草莽之间的小人物，就像他那名字一样，在苏康寻寻觅觅的文化苦旅中，点燃了一盏长明灯火。

重庆市级非物质文化遗产

濯水绿豆粉制作技艺

徐小丽

三十九岁

家传手艺 学了十五年

悲伤与希望，通通逆流成河

濯水绿豆粉制作技艺

在中国的陆地上，几乎所有江河的整体流向都是自西向东，只有一个例外：阿蓬江。

它从东北方的湖北利川出发，劈开渝东南大地的群山，一路向西南方奔去，最终在重庆酉阳龚滩古镇汇入乌江，完成了一次短短249公里的灿烂旅程。

旅程上有一个重要驿站——黔江濯水镇，一个兴于唐宋年间的繁华古镇。阿蓬江穿镇而过，温软细腻，像一条绿莹莹的腰带，把汉文化、巴文化、土家族文化拢成了一个曼妙的身段。

可是你并不知道阿蓬江此前经历过什么。你很容易忘掉它是一条自东向西顽强逆袭的河流。你无法想象当下的静好需要铺垫怎样的悲伤与希望。

古镇中心有一家小店，叫作“徐记老磨绿豆粉”，店主是一个叫徐小丽的清秀女子。她就比我们更懂阿蓬江。

绿豆粉，是一种在渝东南地区广受欢迎的长条状食品。抓二两下锅，就跟煮面一样，两分钟后捞起来，加入各种佐料，再配上黔江鸡杂，或者濯水腊肉，再或者濯水带皮杂酱，就是一碗奇特的美味。

不过它并不只是绿豆磨成的粉。

一百多年前的濯水古镇，还是清朝酉阳土司的天下。土家人世代种稻，如果要他们发明一种早晚适宜的方便主食，当然就得围绕“米”来进行。可是，土家人并不满足于做纯粹的米粉，他们有自己的饮食搭配理念。

于是，一种以大米为主材、绿豆和黄豆为辅材的食物，悄悄出现在19世纪的濯水小镇上。大米主打滋味，绿豆负责劲道，黄豆奉献爽滑清香，各司其职，营养天成，不用任何添加。至于它为什么不叫米豆粉、豆米粉，而要单单从三种材料中挑出一个绿豆来当名字，只有天才知道。

用古法做绿豆粉，何其艰难。

首先，要精选头一年七八月间收割的新米，以及上好的绿豆和黄豆，分别浸泡，使之充分吸水发胀。三种材料秉性不同，浸泡时间都有讲究。比方说大米，冬天以一天为宜，要是夏天最多数小时即可。水温也很挑剔，冬天冷不得，夏天热不得。

浸泡完成后，就要把三种材料充分混合在一起。至于其中的最佳比例，那叫商业机密，没人会轻易告诉你。

接着就可以磨浆了，你只需要有力气，玩得转石磨就好。磨完赶紧歇一歇，最难的工序来了。

土灶上烧着一口大铁锅，你用刷把蘸上猪油快速刷到锅壁上，趁着滋啦作响，舀起刚磨好的米豆浆，从最合适的高度略微倾斜，让它汩汩淌入油锅。

此时你的手必须同时进行顺时针圆周运动，从锅的上沿开始，一圈圈缩小半径，直到缩成锅底中央的那个圆点。米豆浆在锅壁上迅速被烙成条状，变成一圈圈粉条，很像一盘蚊香。

还得注意浆瓢倾斜的角度。角度过小，米豆浆下坠的力度不够，成粉就会支离破碎。角度要是过大就更惨了——一根绿豆粉的宽度在半厘米左右；要是一股脑儿倾泻而下，那你就会烙出一锅绿豆棍，甚至绿豆饼。

这很考验力量、耐心和定力。制粉人必须始终保持一个姿势、一个角度、一个力度，心无旁骛，宠辱不惊。一百多年来，濯水古镇上做绿豆粉做成大牛的，也就那么几家人而已。

20 世纪 80 年代，趁着改革的春风，古镇上一位姓何的老婆婆，开起了她的绿豆粉店。

何婆婆的夫家姓徐，是濯水镇上做绿豆粉的世家。老人去世已快20年了，她不是今天故事的主角。

何婆婆的大儿子做农副产品贸易，在 20 世纪 90 年代发了家。大儿子又有两个女儿和一个儿子，如果不出意外，这个家庭有可能会演变成“豪门”。

然而，意外在 1997 年不期而至。

那一年的某一天，何婆婆的三儿子在生意场上的仇家情绪失控，持械行凶。狂躁之下他竟然找错了门，明明目标是徐家老三，却偏偏杀到了老大家里……

那是古镇里血色的一天。徐家老大身负重伤，住院一年多才捡回一条命；妻子伤势稍轻，也医治了很久。最惨的是孩子——

二十出头的大女儿，当场身亡；还未成年的小儿子，当场身亡。

在这场几近灭门的惨案中侥幸逃脱的，是正好有事外出的二女儿。她叫徐小丽，那年刚满 18 岁。

那时候，徐小丽的理想是参军。可是家垮了，她放弃了参军，也不能去找工作。因为父母都躺在医院，家里就剩她一个。她已经是大人了，每天都得从这张病床伺候到那张病床。

经济来源成了大问题，徐小丽只能接着做生意。她揣着仅剩的两千块钱，找到了黔江一个有名的副食品批发商，想批发一点货去卖。

老板问："你想要多少？"

她怯生生地答："三五万的货，可以吗？"

"可以呀，先款后货。"

她扑通一声跪下："老板，我只有两千块，能先赊给我吗？"

"起来起来，不要这样……你第一次来就要赊货，不合规矩啊。"

她泪如雨下："可是我真的没办法了，爸爸妈妈还等着我救命呢……"

这位姓翁的副食品批发商是徐小丽感恩至今的贵人。当年濯水徐家的变故，黔江全城皆知；当翁老板知道她的身份后，一口答应了她的所有要求。

她就此开始摆脱困境。

光阴如水，转眼便是十年。父亲一直走不出阴影，郁郁而终。

姐姐当年的男友，迟迟不愿开始新生活。想她的时候，他就会趁夜摸到她坟前坐到天亮，喃喃自语，如痴如狂。

妈妈强忍创痛陪着女儿创业，还得帮着带外孙，没过过一天安逸日子。现在这外孙上高三了，还有了一个 9 岁的弟弟。一个破碎的家，在两个孩子的成长中一点点修复。

副食品生意做了很多年后，徐小丽决定转做女性高端品牌服装。理由很现实：副食品卖不出品牌溢价，她的事业很难实现进阶；那就不能像父亲当年那样，凭一己之力就能撑起全家。

于是2012年后的那几年，徐小丽开启了人生中的美颜模式。她打扮时尚、妆容精致，在朋友圈里各种自信地秀啊、晒啊，引领着一大群闺蜜忠粉的审美观。

她又成功了。可是她心中的悲伤，就像老家门前那条阿蓬江一样绵长。

2017 年三四月间，徐小丽最好的一个朋友得了癌症，很快便去世了。这让她开始思考生命与健康的意义。她越想越冲动，一个月内结束了所有的服装生意，一头闯进了健康食品领域。

感谢奶奶，留下了传世的技艺和温暖如初的儿时味道。这让孤独的小孩在蒙眼狂奔时，并未感到过害怕。

2017 年 6 月的一个良辰吉日，徐小丽的绿豆粉店在濯水古镇里开张了，招牌就叫“徐记老磨”。这意思是：濯水徐家又回来了。

知我者，谓我心忧；不知我者，谓我何求？

巧了，小店门外正好有一座以“老磨”为主题的公共雕塑。两个巴人老乡精心操作着一架古老的石磨，风吹日晒，匠心恒在。

徐小丽把厨房布置成开放式，以便食客能看到全部制作流程。她坚持用老式石磨来磨浆。虽然机器更高效，但没有石头的重量和纹理加成，米豆浆是没有灵魂的。

被变革掉的东西也有，比如锅。奶奶那一辈，要用左手右手做无数个慢动作，才能在锅里画出完美的粉圈，一天下来，最多也就是二三十斤的产量。于是徐小丽用上了新式平底锅，口径一米左右，用电动马达驱动，让它匀速进行顺时针圆周运动。

用手太累，那就改一下，让锅动起来。

还有传统的浆瓢，一次只能倒出一股米豆浆，这怎么行。于是徐小丽用上了特制的漏壶——底部一线排开6个小孔，打开机关，6股浆液便会泄洪一般并排而下，在锅里画出6个美丽的同心圆。最多一分钟的样子，用筷子挑起来，不需要像做米粉那样挤压、切片、晾晒。

这就是一把上好的绿豆粉。

你趁热掰下一截来，蘸着徐小丽的妈妈亲手做的酱海椒当饼吃，就已经是一道别致的濯水风味了。不过最嗨的吃法还是像重庆小面那样，呼哧呼哧吞下肚。

除了白米，徐小丽还开发出了老红米绿豆粉。煮好一碗端上桌，白米糯、红米甜、黄豆香、绿豆绵，在嘴里合奏出一曲琴瑟悠悠的民乐，让你心生欢喜和向往。

唯一有遗憾的可能是配料。无论她怎么努力，也复制不了奶奶当年做的杂酱肉皮的味道。那是杂酱里的精华，含有满满的胶原蛋白，给你加量不加价的劲道。

在重庆那么多非遗美食同行里，徐小丽只能算个小字辈，所以她要学的东西真多，想起来真头疼，不过她做好了准备。

都说女人柔弱似水，但你们不要忘记——徐家老屋外的那条阿蓬江，以逆袭而闻名。

重庆市级非物质文化遗产
郁山鸡豆花制作技艺
传承人
黄守萍
五十二岁
鸡豆花做了二十多年

天下最贵的豆花

郁山鸡豆花制作技艺

CHONGQING BAOBEI MEISHI

豆花有荤素之分。

素豆花是用黄豆磨出来的，路边小餐馆卖 6 ~ 8 块钱一碗，分量足够一个人吃了。不过它算不上一道菜。一顿正常的豆花饭，一般都需要一份烧白之类的硬菜压阵，总共 20 块钱的样子。

荤豆花本身就是一道硬菜。煮一锅肉片，再跟一盆素豆花混在一起，就行了。它可以用大碗盛出来，摆到餐桌上显眼的位置，不卑不亢地自报身价：48 或者 58。

有的小餐馆把它升级成汤锅来卖，加上锅底、配菜，两三个人吃的话差不多一百多块，人均 50 ~ 60 块，不算太贵。

还有第三种豆花，叫作鸡豆花。跟前面两位比，它是真贵。

鸡豆花是川菜里一道传统名菜。可惜现在做的人不多了，能做好的人就更少。重庆彭水县郁山镇上的黄守萍，就是为数不多的做鸡豆花的高手之一。

要接受我们采访，光靠嘴说是不行的，黄守萍要现场做一锅鸡豆花。所以她头天下午就去买农家散养的老母鸡。已是下午 4 点过，郁山镇上的集市收摊了，只好坐车去 20 公里外的保家镇上碰运气。

还好，保家有。一只散养两年的土老母鸡，三十多块钱一斤，毛重三四斤，请人帮忙宰好剖净，一百好几十块就出去了。还有土鸡蛋，两块钱一个，来 20 个，又是 40 块。

还得买两斤豌豆尖。至于生姜、枸杞之类的调料，家里还有，就不计入成本了吧。

早晨 5 点多黄守萍就起床了。她算好了时间：那两个要采访我的家伙很懒，早上 7 点才出门，到这儿需要 4 个小时，那么从 11 点倒推回去，就得 6 点开工。

做鸡豆花的第一步，就是熬一锅老母鸡靓汤，这需要 5 个小时。剔掉鸡胸脯上的两块肉备用，剩下的放进锅里开始熬。冬日的太阳一路摇晃着走到了头顶，懒家伙们终于到了，鸡汤的鲜味也全熬出来了，从小厨房里袅袅飘出，勾人得很。

黄守萍有些不好意思：“我平时都在重庆打工，也是昨天下午才赶回来的，所以只能在家里演示了，厨房太小，担待些。”

还好，煤气罐和小燃气灶是可以搬动的。一番收拾，黄守萍在家门外的小院里开始操作了。

两块鸡胸脯肉，用菜刀剔除白色的筋络，一丁点儿也不要留。

因为鸡豆花是一道完全用鸡胸脯肉做的豆花，就跟一碗素豆花长得一模一样。只有这个部位的鸡肉吃进嘴里，才能提供真豆花那种细嫩的口感。如果不剔肉筋，鸡肉下锅就会变成一块一块的肉疙瘩，难看不说，吃起来也绝不可能像豆花。

剔干净了，开始捶吧。用刀背捶，不能用刀刃宰，因为想要把鸡肉煮成豆花那种凝固成片的状态就必须是肉泥，而不是肉末。黄守萍辛勤地捶着，大哥黄守文开始打鸡蛋：敲开蛋壳，像倒开水一样一点一点地来，只要蛋清，蛋黄全丢一边去，没它们的事。

20 个土鸡蛋的蛋清装了一大碗，黄守文拿个像铁刷把一样的打蛋器用力搅拌，直到泛起泡沫。那边肉泥也捶好了，把泡沫蛋清和进去，加上一把红薯淀粉，用手搅拌均匀。只有这样，才能把鸡肉泥充分聚合起来，发挥最大张力；下锅后它才会顷刻间凝结成迷人的豆花状晶体，散发出以假乱真、以荤充素的魅力。

黄守萍把鸡汤舀出来，一一滤去了汤里的鸡肉、鸡骨、花椒等杂物，只取最鲜亮的汤，再次入锅熬制。这时鸡肉泥就可以下锅了。开足火力，猛火急攻，鲜鸡汤很快沸腾，肉泥迅速变成豆花，铺得满眼都是。马上改为小火，用汤勺不断按压豆花表面躁动的部分，同时舀一点鸡汤抚慰它一下。

火候之妙，存乎一心。换你上去，搞砸的概率很大。

最多煮 20 分钟，一盆新鲜的鸡豆花就成了。把生豌豆尖铺在大碗的碗底，再盛满内容，真像一幅绿白相间的山水小画，清雅得很。

送进嘴时，以为是豆花；嚼一嚼吧，满口鸡肉味；再喝一口鲜鸡汤，你会产生强烈的凌乱感，不知道吃的是假鸡肉，还是真豆花。黄守萍笑而不语。一年下来她做不了几回鸡豆花，难得看到你这副凌乱的样子。

不是她不想做。

这么贵一只老母鸡，只用胸脯上那两块肉，半斤左右。虽然剩下的肉和架子都在，好像还能吃，但最精华的鸡汤都被滤到鸡豆花里去了，锅里剩下的约等于废料。换句话说就很残酷了：要是开个餐馆来卖鸡豆花，锅里剩下的鸡肉和鸡汤是不好意思收钱的；即便白送，客人刚吃了一大碗鸡豆花，再来一大碗残鸡汤，不怕人家闷油恶心吗？

还有那 20 个用剩的蛋黄，做盘什么菜才卖得出去？还是得扔。反正连鸡带蛋，硬成本 200 块都打不住。按餐饮界通行的 50% 毛利率算，一道鸡豆花放餐馆里卖个 400 块，不坑人。一只老母鸡的胸脯肉可以做出四大碗鸡豆花，意思就是，一碗 100 块吧。

这玩意儿，跟素豆花长得一模一样，没有塑形空间。就算你是荤豆花吧，卖 100 块？天下哪个豆花馆敢这么搞。

所以黄守萍时常苦笑：也不知道是谁发明了这惊天地泣鬼神的贵豆花。老爹这个郁山镇上的老农民，学什么不好，偏偏就学会了这道菜。家中 7

个子女，承继父业的偏偏又是她这个幺女儿，空有一身屠龙之技，却难找到一条可以让她屠的龙。

站在鸡豆花源头的那个人，到底得有多无聊？郁山镇上自古流传，说此人叫李承乾，唐朝人，当年在黔州落难，郁闷之下食欲不振，丫鬟便发明了这玩意儿，治好了主子的厌食症。

一查历史，郁山镇还真是初唐黔州的治所。而李承乾同学因为造反作乱，被老爸唐太宗贬到了黔州劳动改造，长期住在州治所在的郁山。

原来是废太子殿下。这就好理解了：鸡豆花没有太子命却有一身的太子病，原来病根在这儿。

这当然只是传说。可以确定的是：直到20世纪80年代初，郁山镇上只有黄守萍的老爹黄传汉会做鸡豆花。他的手艺是跟他二哥学的，也就是黄守萍的二伯。这位二伯，民国时闯过江湖，当过大厨，操办过大场面宴席，鸡豆花再贵，那也不在话下。

二伯和老爹都已仙去多年。曾经有段时间，黄守文觉得是父亲性格有问题，所以小幺妹才一直很难靠鸡豆花挣钱。

黄传汉种地之余，还是个乡厨。这职业在农村很常见：有手艺，但不开馆子，谁家有个红白喜事，哪个单位要搞内部接待，就用得上他们这种人。

但凡你有点生意头脑，把这独门手艺当个事业来做，说不定都会前途无量。可黄老爹偏就是个大大咧咧的人，喝酒喝嗨了，跟谁都掏心窝子，包括鸡豆花的一切。于是镇上做鸡豆花的人越来越多，直到遍地开花。这玩意儿做起来不难，竞争对手一多，你叫本尊还怎么混呢？

黄传汉没想过这茬。7个子女，前六个都有相对稳定的生活，只有幺女儿，18岁就进供销社工作，三十来岁就遇上破产改制，生活很艰难。

那就传给她吧。女儿将来再难，起码也能像父亲那样当一个好乡厨，快乐地活下去。

兄妹们如今也想明白了：鸡豆花难搞，不能怪老爹，只怪这道菜适应不了大众市场。

其实也不是没办法。有些厨师，用卖剩下的鸡汤残料加点鸡油重新熬汤，然后用超市买的冻鸡胸脯肉，加上一块钱一个的普通鸡蛋，就能像模像样地弄一锅出来，成本降低了一大半，价格亲民了许多。

可黄守萍不肯这么干。她说老爹教的是鸡豆花，不是鸡贼豆花。正宗的郁山鸡豆花，那就是要用现宰的土老母鸡、真正的土鸡蛋；说熬5个小时，那就是5个小时；说鸡架和蛋黄不能用，那就是不能用，再心疼也得丢。

前些年黄守萍曾去重庆南山的餐馆跟人谈过，想把鸡豆花引进去，终究没谈成。原因就这么简单：按她的办法来，人家不干；按人家的办法来，她不干。

节约是好事，亲民也是好事，但不能骗人蒙人，对吧？

平时，黄守萍都在重庆主城帮人看店，不过一年中总有些日子她得跟老板请假，因为老家总会有红白宴席请她回去操办，一轮轮忙下来，也还能挣些钱。

真如父亲当年所愿，她走上了一条乡厨之路，虽然发不了财，却简单、快活。

自己的儿子、女儿对鸡豆花没兴趣。传承是个难题。不过黄守萍想通了这个道理：鸡豆花虽做不成大生意，但它有特色、有情趣，是个人在家里就能做，所以它是有市场的，这个市场就是——家。

那就好办了。把“带徒弟”变成“交朋友”，会做的人就会越来越多。

黄守萍这些年带过几十个徒弟，几乎都是家庭主妇。她就像当年的父亲一样，把谁都当朋友，逮谁都掏心窝子，有关鸡豆花的一切都毫无保留。她还连酒都替人家省了，更别说钱了。

父亲才是对的。鸡豆花再贵，也贵不过人心。这东西无价，谈钱没意义。

重庆市级非物质文化遗产

郁山擀酥饼制作技艺

传承人

甘秉廉

七十九岁

从业六十一年

一家快乐的饼屋

郁山擀酥饼制作技艺

鸡豆花吃得差不多了，该上餐后甜点了。您且吃着，听我讲讲郁山镇的掌故。

郁山如今只是一个镇，可在古代却是黔州的首府，管着酉、秀、黔、彭加上贵州的一大块地方，镇长怎么着也算个副厅级吧？要不然唐太宗怎么会……哦，李承乾的故事听过了？好，换个你们没听过的——黄庭坚。知道吧？知道他在郁山当过官吗？当过很久，还写过诗呢——

鬼门关外莫言远，四海一家皆弟兄。

听起来是不是有点悲凉？对的，黄老先生也是被贬到四川来的。明明是贬为涪州别驾，可偏要让人家在黔州安置，也就是让人跑彭水县来当涪陵区的区长助理，隔着几百公里远程办公，真够悲惨的。

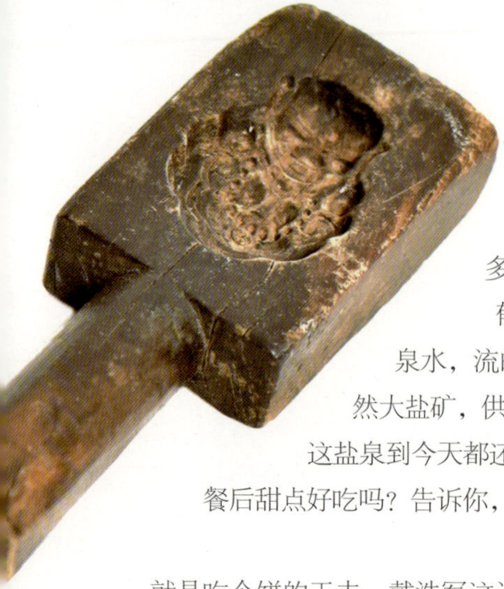

不过黄助理在郁山过得还是蛮轻松的，毕竟没什么公务让他管，顶多也就是管一管盐泉。盐泉知道吗？郁山有座山，叫伏牛山，山上有一股山泉水，流的全是盐水。所以郁山自古就是一处天然大盐矿，供应着川、黔、湘、鄂好几个省份的盐。这盐泉到今天都还在冒呢……

餐后甜点好吃吗？告诉你，这饼子，跟盐泉有关系哦。

就是吃个饼的工夫，戴浩军这话匣子如滔滔江水一发不可收拾，就像个资深的文化干部。其实呢，他只是一个彭水县粮食系统的下岗职工，买断工龄自谋出路都快 20 年了。46 岁前，他大部分时间都在这郁山镇上度过，家乡的掌故就跟家里那点事儿一样，不过脑子就能往外倒。

这块饼子明明是甜的，跟盐有什么关系？话匣子，请继续你的表演。

又到我了是吧？好，请把手里的饼拿起来，看仔细了——告诉我，看到了什么？饼子？废话，再想想。芝麻？嗯，也有不带芝麻的款，所以不对。酥皮？我的天哪……加 10 分。

郁山的擀酥饼，源头在苏式糕饼那儿。传统甜点嘛，不过是一个苏式、一个广式，那么苏式的特点在哪儿呢？对，酥。

清朝嘉庆年间，也就是两百年前，有一个浙江人跑到了郁山。这人叫严富春，千里迢迢来当盐贩子的。可他来了就不贩盐了，安家不走了。你们知道为什么吗？

我也不知道。不过他多半是个手艺人，会做苏式糕饼。郁山有盐，所以商贸流通发达，肯定人多啊。贩私盐多苦，还危险，被官府抓住是要杀头的。到这儿一看，那么多盐贩子嗷嗷待哺的，而你又恰好会做饼子，既来钱又安全，何苦去当盐贩子呢？

这就是郁山擀酥饼的来历。跟什么湖广填四川无关，就是一个浙江球员长途奔袭杀入禁区，临门一脚从抽射改成了吊射的故事。

话匣子谈天说地，母亲甘秉廉坐在一旁安静地听着，没什么反应。马上要做饼子了，她顾不上看儿子直播。

一个球员再牛，踢到四十多岁也差不多该退了。可老太太从 18 岁进彭水县糖果厂做擀酥饼，至今都 79 岁了还枕戈待旦，保持着良好的竞技状态。

巴山豆（也叫“竹豆”）豆沙弄好了没得？昨天就好了，紫苏、冬瓜糖、花生仁、瓜子仁这些辅料一样不少都加进去了。面粉啊、锅这些都准备好没得？准备好了。那就赶紧开工了！

案板上搁着满满一大盆豆沙馅料，香得不像话。老太太坐下来，气定神闲，左右手边各配上一堆蓄势待发的面粉，有点赌神入座的意思。

今天玩把大的——要做两种擀酥饼：一种黑芝麻，一种苏麻。两种饼的区别就在于馅料：一种以豆沙搭配黑芝麻，一种则以豆沙混合紫苏。

不管哪种馅，终究都要酥。所以做饼子外皮时必须同时制作面皮和酥皮，并合成到一起。老太太左手那一堆面粉，得用麦芽糖来擀。擀成形后只需要掰下一小块，略略推成一块厚面皮就好。右手这堆面粉得混合猪油，擀成长面团后再切成若干小块。这就叫“酥”，把它包进面皮里经过高温烘烤，就会成为神奇的酥皮，带我们回到小时候恋恋不舍的酥心糖、酥面包的味道中。

老太太左手抄起一块糖面皮，右手拈起一小块猪油面，像包饺子那样左外右内地一裹，再稍稍一捏，就成了一个饺子。再用擀面杖轻轻一推，饺子又成了一块饺子皮，不过已混合

了面皮与酥皮两种材料，难分彼此。

还不够。还得把饺子皮卷成一根小圆柱体，再从右向左细细折叠，用擀面杖再次推成一块饺子皮。这下够了，面皮和酥皮已经在分子层面紧紧咬合了，待烤成饼子后，会从里到外都是酥酥的、软软的。

每擀好一个这种饺子皮，老太太便会轻轻一抖擀面杖，“啪”的一声将它送到案板另一端。动作极潇洒，一看就是行家：嗯，单凭这个 A，就能跟一跟。于是“啪”的一声，便是一个筹码出手。

赌桌，不，案板另一端的儿媳妇，也就是话匣子戴浩军的妻子，负责包馅成型。她把馅料一一包进饺子皮里，再一一捏成一个长方体。

案板上有两个直径七八厘米的不锈钢饼圈。儿媳妇左右开弓，一手抄起一个长方体饼胚分别往饼圈里一摁，同时发力按压，边按边旋转，两块柔软的饼胚迅速变形，跟饼圈严密贴合，变成了两块圆饼。

婆媳两人配合默契，饼子在案板上越堆越多。牌发完了，该梭哈了。

戴浩军压阵出场。他捏着一根类似竹棍的家伙，顶端是 4 根很细的圆竹签。用这家伙在每块饼的中央位置轻戳出 4 个小孔，便叫“四喜”。

这可不光是为了好看。饼子待会儿要经受好几百度的高温烘烤，要是不开孔散热，里面的馅就会爆出来，惨不忍睹。

还有最后一道工序：上麻。戴浩军请出了一个平底大簸箕，里面铺满黑芝麻粒。把饼子挪进去轻轻摁一摁，让底下那面沾上芝麻就够了。接下来便要烘烤。灶是土灶，火是炭火。光烧这膛火就是门很深的学问。这本书还有一个关于“土沱麻饼”的故事，对此有详细解读，到时候你就懂了。

戴浩军面前有两个灶、两口锅。一口是平底锅，放在灶上烧着，不时把手伸到锅上方探探锅温，觉得四面八方的温度都均匀的时候，饼子就可下锅了。

旁边还候着一口圆底吊锅。它用一

根吊杆悬在另一口灶上烧着，等锅温也很高的时候搬动吊杆，将它平移到平底锅上当头一盖，就成了一个大烤箱。饼子们要在这个高温的密封环境里待上大约30秒，然后移开吊锅，一一将它们铲出，翻个面儿盛到旁边的托盘里。

这时候的戴浩军，会像翻看自己所有的底牌一样，弯腰审视每块饼子的背面——要是煳了，这把就完蛋了；要是刚好出现迷人的焦黄，那就叫赢下了全世界。

那就趁热吃。这可是酥皮最美味的瞬间。

小时候，戴浩军天天跟着妈妈去厂里上班。那时候妈妈就跟现在一样，坐在案板那儿一个个地擀着、包着，而他就像面前的老婆一样给妈妈打下手，包馅儿、按压成型。

那时候他比案板高不了多少，只能搬个小板凳站在上面，使足吃奶的劲一阵乱按。妈妈总是边干、边看、边笑。她虽然没什么文化，但好像很懂家庭教育，总是鼓励他去玩。

下班回家就更好玩了，因为有听不完的故事。

老爸十几岁就跑到湖北利川去修水电站，修着修着自学了全套电工知识，成了技术员。水电站修完，他被调到攀枝花去搞三线建设，一直干到老三戴浩军都满地跑了，才被调回彭水粮食部门。

走南闯北20年，老爸的经历变成了一套自创的国家地理启蒙读本，让三个儿子的童年故事满满。戴浩军尤其喜欢这个，经常梦想着要学老爸去走四方、长见识。

这下知道话匣子的来处了吧？

不过长大后，戴浩军并没得到远行机会。他 20 岁就进了镇上的粮食部门工作；30 岁遭遇下岗，而这时候又有了孩子，就更闯不出去了。那么在小小的郁山镇上，做点什么事才好呢？

老妈站出来了。

严富春开创于嘉庆年间的饼屋，公私合营时并入了彭水县糖果厂。甘秉廉在 1958 年进厂，正好分到严氏后人手下干活，成了严家擀酥饼的正宗传人。她在 2000 年退休，几十年来一直在擀酥饼，不曾做过其他事。

儿子有难处，当妈的能不管？母子俩熟门熟路的，这“郁山戴氏擀酥饼”的招牌说挂就挂出来了。这回还多了个儿媳妇，一家三口擀着擀着就把钱挣了，还一点儿累的感觉都没有。

擀酥饼这玩意儿，本就是彭水黔江一带的传统点心，而大伙一般都是在中秋节才吃。这意味着一年当中，只需要忙中秋节前那一个月就好了。

每年这一个月真的忙，没有休息日，每天干足 10 个小时，还得招聘十多个工人一起干。30 天连轴转下来，到中秋节能卖好几十万元。除掉各种成本和工钱，剩下的钱嘛，呵呵，够老三一家一年的花销了，各种花销。

一年长达 10 个月以上的假期，老妈喜欢和几个老姐妹打打麻将。打牌打腻了，她们就会邀约着去附近的景点转转，看看风景、搞搞团建。

戴浩军闲得发慌，一度还开过一家蛋糕店，现在又在张罗其他生意，可还是有大量时间花不完。于是每年孩子寒暑假那三个月，戴老三一家便经常来一场说走就走的旅行，随便到哪儿。

有时候两个老人也会同去。一大家子人带着擀酥饼边走边吃，这一路的风景与奇遇，都跟饼子一起酥在了嘴里、留在了心里。往后若有需要，随时都能打开话匣子，滔滔不绝，一发不可收拾。

这饼屋，一家都快乐。

重庆市级非物质文化遗产
羊角豆腐干传统制作技艺
传承人

梁启超

五十七岁
从业三十二年

羊角众少年

羊角豆腐干传统制作技艺

梁启超 36 岁那年，把名字改成了“梁恩态”。

他的父母都是武隆羊角镇上的农民，没有文化，不知道历史上大名鼎鼎的梁启超。二老膝下好几个子女，想来按家谱字辈一排，都该用“启”字命名了吧？反正两个男孩就是这样：哥哥叫梁启超，弟弟叫梁启隆。

从小到大，梁启超并未觉得名字不妥。直至 36 岁时，他知道了另一个梁启超，并且记住了一个故事性很强的细节：这位同名同姓的老前辈运气欠佳啊，变法失败了只能往外国跑，亡命天涯的节奏。

这对做生意的人来说，多少还是有点负能量的。于是出于对本命年的敬畏，梁启超改了名。尽管并未去派出所办手续，但他四处通知亲朋好友，希望大家从此唤他的新名字。

二十多年过去了，几乎没人知道“梁恩态”是谁。这名字，白改了。

大约在 1985 年，319 国道武隆这一段通车了，偏僻的羊角镇变成了交通要冲。

在这之前，羊角镇主要靠乌江连通外界。从彭水到武隆再到涪陵，乌江在武陵山脉里辗转三百多里，羊角镇大概位于中点，向来是一个供跑船人打尖歇脚、中转客货的大码头。

镇子下游不远处有个村子叫五里滩。五里滩附近有一处礁石滩，羊角一般傲然矗立，搅得乌江躁动不已，人称“羊角碛”。古来行船至此，都得先将船上客货卸下，绕行陆路到上游或下游去等待，只留最有经验的船老大、最有力气的纤夫，拖着空船去闯鬼门关。

久而久之，镇上流传一句谚语：是皮不是皮，难过羊角碛。意思是再皮、再顽劣的少年到了羊角地界上，也得掂量掂量。

可是，“皮”“顽劣”这种标签，有时候并不会贴在脸上。五里滩老梁家的大儿子，就是这么一个人。

家里穷，少年梁启超初一就辍学了，给母亲打下手，做饭、做豆干。

羊角豆干的来历，与长寿薄脆大同小异。从遥远的清朝起，羊角码头就开始叫卖这种为乌江跑船人量身定制的干粮了：

耐储存，好携带，还扛饿。一般人就着烧酒吃个四五块，就能顶一顿饭。

梁启超的母亲梁婆婆有一手做豆干的好手艺。在她年轻时，做豆干一般要两天时间：黄豆浸泡一夜，接着磨豆浆，磨完点豆花；点完豆花便是压榨，得到豆腐块；然后煮碱，最后卤制。

压榨是最麻烦的。刚刚点好的新鲜豆花，用比纱布还细密的滤帕包裹起来，放到四四方方的屉格里摊开，用筷子将一坨坨的豆花搅散，然后盖上木质盖板，再压上重物，便可耐心等待了。

重物须用五里滩外随处可见的鹅卵石，被乌江水冲刷了千万年，浑然天成，无棱无角。只有这种石头才能对豆花施加浑厚而精准的压力，既能

充分挤压出水分，又能保持豆腐皮平整光洁，打牢豆干的“绵扎”根基。

很多年后，人们用上了千斤顶。鹅卵石需要七八个小时才能榨完的活，千斤顶半个小时就能搞定。可是无论你怎样顶，豆干都不会再有那股感人的劲道。

在中国文化里，最是强大而又绵绵不绝的力量，终究要从浑圆里来，就像太极八卦那样，对吧？

除了压榨，梁婆婆还有一个技术要诀，叫作“熟浆过滤”。

点豆花也好，做豆腐也罢，为了提高效率，刚磨好的生豆浆都会直接倒入滤网，把豆渣滤掉。可羊角豆干不能这样做。豆渣看起来无用，却含有丰富的蛋白质、脂肪、碳水化合物和钙铁磷等物质。如果让它和豆浆混在一起煮开后再过滤，就能让豆浆的内涵更为丰富。

没错，羊角豆干绵扎丰满的口感，一靠压榨，二靠熟浆。

20 世纪 70 年代末梁启超辍学那会儿，农民又可以做豆干、卖豆干了，乌江上也开始有旅游船了，形势向好。梁婆婆干劲十足，梁启超却并不积极。他才十几岁，是要出去闯事业的，不想像头驴一样被拴在磨盘边。

母亲并未及时察觉。这孩子，从小就老实，不太善于表达；你要逼急了，他干脆就不说话，更让人摸不透。

1981 年的某一天，儿子突然说：“我要参军了，不做豆干了。”

母亲正在做豆干，微微一怔，想了一会儿，说：“好，去闯吧。”

梁启超在重庆当了五年兵，其中大半时间都在干一个兵种：炊事兵。

隔三岔五还是要跟豆干见面，有一点尴尬。

然而干着干着，也就没事了。因为一天三顿忙下来，全连一百多号人都冲你点赞的感觉太好了。这也叫荣誉，和平年代的军人很难得到的。

于是梁启超越干越有劲，红案白案全学会了，到后来还能自创特色面点，成为各连队推广执行的标准。有一年部队举行实战条件下的野炊大赛，他和战友一举拿下第一名，一时名震全旅。

1985 年，319 国道贯通羊角镇老家的时候，23 岁的炊事兵梁启超有了第一个孩子，是个女儿。第二年他就转业了，分到当时的武隆县饮食服务公司，还干老本行。这回就不是很愉快了，才干了一年多，他就回家当了农民。

梁家这时候开起了小餐馆，就在 319 国道边。那些一个劲笑他傻的人，30 年后会被打脸的。

儿子闯荡回来，就不会再跑了。母亲好像早就算到了，淡定得很，继续做她的豆干。

稍有空闲，儿子就会来帮忙。就像少年时一样，母子二人配合默契，三言两语间，一摞香喷喷的豆干就能出街了。

然而母亲渐老，有些活干不动了。比方说搬鹅卵石这种力气活，或者切块这种精细活。

压榨好的豆花，会变成一张厚厚的豆腐皮。把它拎起来，可以铺满一张薄木板。板子上刻有纵横交叉的直线，就像一张围棋盘。不同的是，围棋盘纵横各有 18 格，共 324 格；而豆腐板则是纵向 12 格、横向 8 格，共 96 格。

轻轻按压豆腐皮，再对照板子边缘的刻度，划出“2×3”格一张的豆腐块。这就是羊角豆干的标准尺寸。眼神不好的话可能划错，卖相就会差很多。

接下来该煮碱了。把做馒头的食用碱混合豆腐块一起煮，就叫为豆干“穿衣”。衣服一要耐磨，二要漂亮，豆干也是如此。“穿衣”过后，豆干成色不但更为鲜亮，还能提高整体韧度，不至于一碰就断。

最后一个流程是卤制。梁家通常会用到十多种香料和中药，例如山柰、八角、桂皮、砂仁、陈皮、香叶、老蔻等。这么多料混在一块，需要精确拿捏不同香味、不同药性间的相互关系，不做大量试验，拿不出最协调的配方。

从梁婆婆往上数三代，再往下数到梁启超，老梁家投入了五代人、一二百年的时光，终于达到了理想效果，总能招徕到识货的客人。

今天，如果你恰好拿着一块武隆“梁婆婆”羊角豆干，轻轻掰一下试试，看豆干是否会圆润地裂为两截，看是否有奇香钻进鼻孔，看入嘴后是否绵软温润、唇齿生津，看是否会嚼成生涩难咽的豆渣。

如果结局都很美，那就没错，是老梁家的。

把“梁婆婆”注册商标并做成品牌，是梁启超在 20 世纪 90 年代末做出的决策。

本命年须知进退，除了改姓名，事业也得更聚焦才行。他不想再搞没前途的餐馆了，就想卖好自家的豆干。

那年冬天，梁启超带着一大车真空包装的豆干跑到了菜园坝竹木街，到处找副食摊位谈合作。只要多少能赚点儿，人家要再高的代卖佣金都答应，条件只有一个：必须挂他的招牌。

他认一个道理：做生意不能光挣现钱，还得挣品牌，这才是自家豆干能长久做下去的根本。于是那段时间，菜园坝许多摊位都挂出了“梁婆婆”三个大字。这盛况，操劳一生的母亲从来不敢想象。

某一天，梁启超听说火车站客运段在找小食品货源，要上火车的。他便像个什么都不懂的少年，一头闯进了客运段，指名要找管事的人说话。人家就在那儿坐着呢，心情恰好还不错：羊角豆干？嗯，听说过，拿来看看再说。

带着呢带着呢，您看——QS 标志，有；工商执照、食品生产和流通资质，都有；生产日期，也没问题。好，那就尝一块吧。

吃了这块豆干，素不相识的话事人成了知心人，让梁启超把几百袋产品全送上了重庆—广州的一趟绿皮客车。150 克一袋，每袋批发价三五块钱，上了车可能要翻个倍吧，真心不便宜。

可火车才走到半路，豆干就卖光光了。在菜园坝混了快一个月也没卖掉多少，这才几天工夫，梁启超便揣着好几千块现金回家了。不过不是回去数钱的，而是加班——春运说到就到，客运段天天催他。催也没用，就算老梁家所有兄弟姊妹一起开挂，也满足不了“恐怖”的 90 年代春运。

梁启超到今天也没想明白，当年连饭都不懂得请人家吃一顿，怎么运气就那么好，搭上了那趟比高铁还快的绿皮火车？

后来不上火车了，但“梁婆婆”已经出了名。在 21 世纪初那两年，梁

启超做豆干一年能挣二十来万，够在观音桥这种地方全款买套豪宅了。那会儿他才 40 岁不到吧，很老实的一个年轻人。

老实人的运气都很神奇的，不光他们自己搞不懂，很多聪明人穷尽一生去研究，也搞不懂。

三十多年过去了。“梁婆婆”豆干几番起落，稳定在日产千余斤、年销四五百万元的样子。这个规模，只需要一家 1000 平方米的工厂、10 个工人就够。

厂房租在武隆黄柏渡，交通便利，也有上好的山泉水，这可是“梁婆婆”的品质保障。如今徒弟也能挑起管理的担子了，梁启超只需要当一个快乐的老司机就好——

开着辆面包车，每天送货到县城的豆干品鉴店或其他渠道。一年下来纯收入也能有个三十来万，虽然已无法全款买到一套县城的大房子，那也比很多工薪族强了。

侄儿在天生三桥深处的土地乡挂职当乡长，近几年一直忙着打造乡里的旅游景点——犀牛寨。这是一处群山环抱的少数民族村寨，有风景，有纯净的空气，还有原生态的生产与生活。其中当然少不了梁婆婆用过的老石磨及各种木质工具，现在很少有人用了。

所以梁启超经常开车去犀牛寨，不为别的，就为亲手推推磨、亲手做几斤纯手工豆干出来。近两个小时的狭窄山路，他跑起来春风得意，就像一个孩子赶回家去见妈妈。

县城那家“梁婆婆”豆干品鉴店，掌柜的是个年轻女子，名叫梁丹。对，就是炊事兵梁启超的第一个孩子。

这孩子大学学的是心理学和幼教专业，可她毕业后就爱瞎折腾，什么服装、工艺品的都卖过，就是不找个稳定且对口的工作好好干。

“怎么能这样呢？你看老爸当过炊事兵，一辈子就干这个了，这叫干一行、爱一行、专一行，有没有？”

“呵呵，当年是谁有单位也不干，非要跑回家开馆子、做豆干的？”

“……算了，当我没说。”

好不容易等到梁丹长大了、稳重了、能撑起自家的店了，二女儿又出来搞事了。

梁琼心，是个时常被中学母校提及的名字。2010年高考，这孩子高分考上了复旦大学新闻系，让人羡慕不已。

在老爸的规划里，女儿就业首先应考虑公务员或银行白领之类。但他失算了。老大再皮，玩的还是实体经济，还能看懂；这老二上学的时候就迷上了搞网站、做电商，完全不明觉厉。

这孩子还很犟，搞事的钱靠自己偷偷打工挣，不找老爸要，这简直比要钱更气人。毕业后，梁琼心曾到重庆某新闻单位干过一段时间，这让梁启超一度看到了希望。可她说走就走，直奔遥远的上海，到一家外资公司当起了海漂一族。

是苦是甜，只有女儿自己知道。她自己选的路，老爸想管，但管不了。

然而梁启超终究以两个女儿为荣。说到梁丹时，他会说“优秀”；说到梁琼心时，他会说“也很优秀”。

他还有个小儿子，今年上初一了。等到合适的时候，他还要送出第三个“优秀”。

同名同姓的老前辈说得太好了：“红日初升，其道大光。乳虎啸谷，百兽震惶。”看来不管女孩男孩，在前后两个梁启超心中，都是最好的少年。

所以父亲现在能做的，也只能跟奶奶当年一样了——做豆干的间隙想一想，然后说：去闯。

重庆市级非物质文化遗产

三不加酱油·食醋传统酿造技艺

传承人

李同华

五十九岁

从业十八年

酱油加醋，泡出一个『三不家』

三不加酱油·食醋传统酿造技艺

CHONGQING BAOBEI
MEISHI

1982 年，六一儿童节，重庆西郊动物园里人满为患。

那是每个人都渴望留下美好记忆的一天，可惜那时没有手机或数码相机，连胶片相机也是稀罕货。所以动物园内外的照相摊位，生意火得一塌糊涂。其中一个小个子年轻老板尤其忙碌，他脖子上那部珠江 135 相机累得快宕机。

该他牛。在多数同行都还只会“瞄准——发射”这种简单套路时，这家伙就已经搞懂了光线和构图，总能拍出让客人自信自恋的美图来；他还敢承诺客人最短的取件时间。同行要 5 天，他只要 3 天；同行要是敢 3 天，他就敢 1 天。用他自己的话说：

“我能双手开弓，两个胶卷同时洗，他们行吗？”

无他，唯手熟耳。那年 22 岁的照相师李同华要是一直这么干下去，很可能会成为一个摄影家。

可是命运并不想这样安排他。

差不多 270 年前的某一天，江苏沭阳县的县长闹辞职了，理由是要回去侍奉寡居的老妈。

辞职理由很正常，不正常的是年龄：33 岁。三十老明经，五十少进士，中国古代进士有多难考，你们想象不到。可这县长 24 岁就中了进士，已在江苏好几个县当过一把手，基层工作经验丰富，早就进入了上级领导的视野，前途一片大好。

县长这年纪，老妈不至于生活不能自理吧？真正的原因只有他自己知道——

我的梦想，是做一个自由的吃货。虽然现在是 1749 年，但本官跟 1982 年那个照相师很像啊，他照相，我当官，你们以为都很嗨？不，不是这样的，是命运搞错了，我们还有更重要的事要做。

这个乾隆年间的县长，叫袁枚。

袁枚强行辞了职，跑到南京郊外一个叫小仓山的地方，置办了一套大宅子，起了个名字叫“随园”，自称“随园主人”，如愿当了一个吃货。

最能同时展示他文学造诣和美食品位的一部作品，叫作《随园食单》。这可能是中国第一本由著名文学家操刀的美食专著，它详细记载了 326 种南北菜肴的制法，文字优美，雅俗共赏，可操作性极强。

袁老师活了 82 岁，从来都不擅长做饭。可他把一辈子对精致生活的向往，都倾注到了这本书里。这种精致

贯穿每一道菜的始终，而烹制过程中食材的搭配与调和，无疑是其中最精要的环节。

调味品，终于闪亮登场了。

红川白鲁金淮扬，北咸南甜京苏广。在中国的大地上，不管你是八大菜系里的哪一个门派、哪一根分支，也不管你能玩出多少花活前戏，菜出锅前的那个紧要当口，总归，你得用到它。

酱油，无疑是调味品中的领衔角色。

在洋洋洒洒 4 万多字的《随园食单》里，据说“秋油”这种调味品出现了多达 72 次，一副荤素不忌、包打天下的架势。

比如猪牛羊、鸡鸭鱼、虾蟹贝，只要跟肉沾边儿，没说的，“加秋油，蒸之”。而菌、笋、芹、芥、韭、瓜等素菜，少废话，“加秋油，泡之”“加秋油，煎之”“加秋油，× 之”……

秋油，立秋后的第一抽酱油。

中国人制酱的历史，可以追溯到三皇五帝时代。传说黄帝用酒、肉、盐这三种原料，制成了中国第一坛肉酱。后来古人用黄豆＋小麦替代肉类，同样可以制成美味的甜面酱或豆瓣酱。美味的程度不但取决于比例、手法，更取决于发酵的时长——最好是 365 天，经历整整一个四季循环，酱醅（装坛后的酱料）才不会漏掉一丝来自天地日月的精华。

发酵过程中，酱醅会不断产生汁液。你若有心，发酵结束后将其榨出，便会得到一种咸鲜可口的液态调味品。

对，这就是酱油。

从上一年秋后开始摘豆、磨面、制曲、蒸煮、拌料、入缸发酵，到今年立秋之后，酱醅已在酱缸里待了整整一年；你要么将它请入木质榨机，要么干脆就拿一个竹兜竖着插入酱缸，静待片刻，第一股黑亮甘醇的酱汁便会汩汩而出。

对，这就是头抽酱油，也叫秋油。它浸透着酱醅的精华，饱含着制酱人一整年的辛劳与期望，每一滴都弥足珍贵。

它就是袁枚笔下无所不能的“神油”。制造秋油乃至酱油的古老方法与漫长过程，体现了中国农耕文化的精髓：

天道循环，有劳有获。

公元 533 年，权臣高欢与北魏孝武帝元修公开决裂，偌大一个帝国危机四伏、风雨飘摇。这时候，一个山东籍的前官员开始写书了。

这个人年轻时同样通过公务员考试走上了仕途，一路做到了正厅级高阳郡太守。可他的梦想更奇葩——俺不想当领导，俺就想当个农民。

于是他也辞职了。他摊开花了半辈子收集整理来的考察资料，开始写作一本划时代的农业巨著。在混乱的岁月里，他写了整整十年才写完，然后起了个大气的名字：《齐民要术》。

他叫贾思勰，也是个被命运安排错了片场的人物。

在《齐民要术》这样一本博大精深的农业百科全书里，贾思勰仍然用了两个章节来讲调味品制法，一章讲酱，另一章嘛，讲醋。

百姓开门七件事，柴米油盐酱醋茶。有了这七要素，就能撑起一个古代家庭的日常生活。在这当中，调味品占了两席；紧跟酱油之后的便是醋，都是中国家庭离不了的东西。

醋与酱油区别甚大。比方说原料，酱油需用豆类和麦面，用耗氧方法发酵；而醋则要用大米、糯米和麸皮等，经厌氧路径得到成品。不同的方法决定了两条味觉大河的不同走向：一条奔腾而下，流入广阔的咸鲜海洋；一条蜿蜒直上，登顶独特的酸鲜巅峰。

中国的幅员和人口，决定了醋的多元化口味。在南醋北醋的大格局中，先后诞生了山西老陈醋、镇江香醋、福建永春老醋、四川保宁醋这四大名醋。

保宁醋，又称四川麸醋，用麦麸皮及中药材作为制曲主料，混合大米或糯米酿造而成。那种圆润醇香的酸味，与热辣的川菜阴阳调和，相得益彰。

古往今来，川渝人家如果开作坊、开店来制卖酱醋等调味品，实力雄厚点的可以叫“酱园”；实力只够开个小铺子的，那就只能叫“油腊铺”了。

20世纪30年代，重庆市中心一条名叫“石灰市”的狭窄巷子里，出现了一间夫妻档的油腊铺。铺子里售卖的酱油和麸醋，都是店主夫妻每天熬更守夜亲手做出来的，口碑极好。

夫妇俩有一个女儿，后来嫁给了一个酷爱读书的年轻人。很巧啊，读书郎爱不释手的两本书，一本是民国五年（1916）锦章书局刊行的《增广本草纲目》，另一本是民国二十八年（1939）中华书局出版的《农产酿造》。

《本草纲目》虽是医书，却详细阐明了哪种

醋可以入药，具有何种功效；《农产酿造》就更直接了，开篇第一编就叫“发酵微生物学”。一个生在酱醋世家的女儿，嫁给了一个苦学古今中外酿造科技的学子，除了用“天作之合”这样的词，你无法形容其中妙处。

1960 年，他俩有了一个儿子。如果那间小小的油腊铺还在，这孩子就将早早地成为一个百年制酱家族的第三代传人。可惜铺子早没了，父母各自转行，远离了酱缸。

这孩子一直读完了高中，很快便迷上了照相，没事就去动物园外练摊。

李同华的照相知识都来自看书自学。在这方面他遗传了父亲的基因，不管哪一科哪一类，只要是本好书，他上手就能读，如痴如醉。

美妙的酱醅，辛勤地翻缸。

除了摄影，他还酷爱书法与篆刻。20 世纪 80 年代，他就靠着这三门手艺愉快地干着个体户，收入远超上班族。

不过后来他还是成了上班族——因为有摄影特长，他被招进九龙坡区文化部门，当了一个文化干部。十多年里，他跑遍了九龙坡、大渡口的农村，四处追逐着传统文化飘忽的身影，拍遍了那些身怀技艺、心怀梦想的民间奇人，最后得出了一个结论：

文化的最大价值在于不断传承。

李同华越来越觉得自己走了冤枉路。他本可以在二十来岁就果断进入酱醋酿造行业，把外公外婆和父母这两代人的手艺、事业通通接续起来的。消除文化断层得从自己做起，对吧?

还好，虽然进入新世纪了，但他才四十来岁，正当壮年，不晚。

李同华学着贾思勰和袁枚闹辞职，先后开办了三家公司，都是用家传技艺生产调味品。最后也是规模最大的一家，是做酱油和食醋。

他把这家公司开在了距离重庆主城区 70 公里的南川区大观镇。这是一个群山环抱的幽美小镇，海拔 750 米，日照充足、空气洁净，常年平均气温比主城区低 4℃，以观光旅游业和农业闻名。

宜人环境不但催生着大观农田里上好的草莓、蓝莓，也为酱油和醋提供了绝佳的生产条件——

古法制酱油，也讲究“日晒夜露”。酱醅白天需要开敞，尽情接收阳光的能量，助力微生物发酵；夜晚是一切生命生长的高峰期，同样如此，不要动它，让微生物在大自然的抚触下尽情繁殖。

整整 365 天，就这么晒啊，露啊，一天都不能少。要是下雨，就给酱缸盖上一顶斗笠；要是冬来，就得“捞冰”，晒、露间隙不断捞走酱醅析出的水分和盐分结晶。

不论晴雨冬夏，每天你都得拿着硕大的铲子，一缸一缸地翻动其中重达数百斤的酱醅，这叫作“翻缸”，目的是让微生物的接触面更大更全，不留死角。

这是一份苦差事，也是一门笨功夫，耗时漫长、耗费人力多、原材料需求量大、资金占用率高、利润率低……但这有什么呢？

只要有人，就得喝酱油吃醋。在这个充斥着挑剔顾客的市场里，只要坚持用古法做纯天然的东西，就一定能获得比单品利润高得多的溢价。

这就叫文化的力量。这也是中国历史上那些伟大的古人以及李家的父辈、祖辈传给李同华的金饭碗。

李同华特别喜欢讲文化。公司晒坝里那上千口陶制大酱缸，大约一半都刻上了唐诗。

比方说这句，“打起黄莺儿，莫教枝上啼”，这是唐人金昌绪的《春怨·伊州歌》，讲留守妇女思念戍边老公的，有趣得紧。还有这句，“晚来天欲雪，能饮一杯无”，是白居易的《问刘十九》，老爷子邀兄弟伙喝夜啤酒，潇洒得很。还有这句，“三日入厨下，洗手作羹汤”，这是王建王司马的《新嫁娘词》，就跟照相一样，随手抓取了新媳妇初进婆家的两个瞬间，便把中国传统家庭的面貌展现得淋漓尽致。

大多数的中国传统家庭，都是要讲文化的。为他们天天制造酱油和醋的人，怎么能不讲呢？

李同华不满足于读诗。他把技艺要领、心得感受写成了一组叫作《酱油·食醋传统技艺经》的诗，分为“酱油”“食醋”“工匠精神”三个部分。通篇七言，只管上下两句大致押韵，读来通俗形象、朗朗上口。

比方说，“撒向水面麦不沉，磨出面来才算能”“蒸豆过心不宜熟，粒粒饱满高手出”，这是在说做酱油的两大主料：小麦和黄豆。

再比方说，“大米蒸熟留白心，冷后加之曲药精”“七日之后醋母液，母液麦面伴麸皮”，这是在说做醋的制曲、搅拌流程。

每一句都是老李原创，在向古代诗人们致敬。

李同华有一个玻璃橱柜，用来保管父亲传下来的老书，其中就有那本1916年的《增广本草纲目》和那本1939年的《农产酿造》。两位老寿星静卧在柜子里，已然碎片化，再多碰两下，便会消失在历史的尘烟中。

这两本书李同华翻过无数遍。具体多少遍，他记不得了。一旦要形容数量很大时，他就喜欢用“3”这个数字，道理你懂的：

道生一，一生二，二生三，三生万物。

所以他给自家的酱油和醋取了一个别致的品牌名：三不加。你以为只有三样东西不加，其实呢，他是说任何添加物都不加。

就像袁枚自号“随园主人”，老李也给自己起了个号：“三不家”。再见了，摄影家、书法家和篆刻家。在酱油 + 醋的诗和远方里，真遗憾，没有你们的位置了。

重庆市级非物质文化遗产
东溪腐乳酿造技艺
传承人

李宗全

六十六岁
从业四十七年

古镇守望者

东溪腐乳酿造技艺

早晨，李家照例一阵忙乱。外孙要上学前班，时间老是不够用。

可以吃早饭了。李宗全的老伴端上热腾腾的大饼：“乖幺儿，外婆刚买回来的，安逸得很！”

乖幺儿咬了一口，不高兴：“骗人。没得味儿，不安逸。”

人小，口味却重，怎么把这茬忘了。李宗全立刻整改：“外公给你加工一下嘛。”他把大饼像撕贴纸一样从中撕开，再拿出一瓶红酽酽的豆腐乳，挑出一小块放到大饼中间，用筷子夹烂、敷散，再合上饼，好了。

一年多过去了。今年乖幺儿该上小学了。每天早晨家里还是一阵忙乱，可孩子已经养成了习惯：

不来一块豆腐乳夹心大饼，宝宝不开心。

1958 年，重庆綦江县东溪镇上的粮食供应开始紧张了，大伙吃到干饭的次数越来越少，稀饭和杂粮糊糊逐渐成了主食。

镇上有一家名叫“仁丰和”的公私合营酱园厂。这家厂子的前身，是东溪镇富豪侯仁丰的私家酱园。20 世纪 30 年代的某一年，侯仁丰在东溪镇上招聘了一批学徒工。几年下来，其中一个十六七岁的农家少年脱颖而出，成了侯老板厂子里的技术骨干。

这个少年名叫李树程。20 年后公私合营，他凭着一手远近驰名的豆腐乳制作手艺当上了公方经理，主抓生产，用今天的行话讲叫 CTO，首席技术官。

对，就像之前垫江“李酱园”以酱瓜为荣一样，綦江“仁丰和”一百多年来也有自己的绝活：东溪豆腐乳。这可是 CTO 一辈子的骄傲。

在与干饭渐行渐远的 1958 年，不光每天早晨，就连中午和晚上，李家也经常会出现刚才那一幕：

5 岁的小儿子端起一碗糊糊，咂了两口就不高兴了：“没得味儿，不安逸。”

李树程立刻整改：“爸爸给你加工一下嘛。”说着便去柜子里拿出一小包红酽酽的豆腐乳出来，挑出一小块夹到儿子碗里。

惨白的碗里有了一抹亮色。小儿子夹起一点点放进嘴里，轻轻一抿，笑了。那种香辣、咸鲜、软糯、化渣的味道，是他能想到最美的下饭菜。

父亲也笑了。你看这孩子，有了豆腐乳，连糊糊也能吃得狼吞虎咽。这就好，这就能把苦涩的岁月暂时挡在他的记忆之外了。

这个容易知足的孩子，叫李宗全。

东溪，是一座位于渝黔古道上的历史文化名镇，至今保留着成片的明清样式古民居。镇子里几十上百年树龄的黄葛树据说有五千多棵，遮蔽着三宫八庙、六院五桥、九市十景，营造出一种奇特的静止感。

在这里，几乎所有东西都会久不变样。所以只要看到它们，你就会想起一切：对，没错，这就是我的家。

在电影《失孤》的结尾，刘德华站在东溪的一座桥上，看着曾帅一家团聚的画面，悲喜交加、老泪纵横。这座暗喻着希望与重聚的桥，经年累月地等啊等，等得满面烟尘、一身风霜；当孩子再次见到它，记忆与现实重合，家的怀抱悄然打开。

这便是东溪小镇最大的魅力。

电影里这座桥，叫镇安大桥，建成才几年工夫。不远处还有一座桥，叫作太平桥。那才是东溪更古老的地标，提供着又一条关于“家”的线索。

据说，东溪豆腐乳的历史可以溯源到唐太宗的年代。那会儿太平桥边有个豆花店，店主名叫夏三娘。正是她发现了豆腐发霉后可以变成一种全新的美食，这才有了豆腐乳。

但这只是传说而已。豆腐兴盛于宋代，初唐的豆腐应该还处于初级阶段，指望它通过更高阶的人工制曲、发酵技术变成豆腐乳，不是太科学。况且太平桥初建于明太祖洪武三年（1370），这朱元璋比李世民足足小了七百多岁，小桥穿越不了那么远的。

所以豆腐乳的身世扑朔迷离。有人说，它是湖广填四川时移民在路上偶然发现的，这倒有几分靠谱。长途跋涉嘛，豆腐发霉概率不是一般的大，而发霉，便是把豆腐制成豆腐乳的第一步。

不管怎样，1851年，清朝咸丰元年，侯仁丰的爷爷侯积榜的“仁丰和”酱园开业，是东溪镇大规模制作豆腐乳的确切起点。这座老酱园坐落在草鞋市凤凰山，俯瞰太平桥，树荫蔽日、水汽蒸腾，正是毛霉菌生长的乐园。

毛霉菌是一种真菌，在中国传统酿造行业里常用来制造美食，比方说豆腐乳，还有后面你将看到的“永川豆豉”。

从开业直到公私合营这一百年间，仁丰和酱园厂里几乎每天都会重复这样一道工序：豆腐做好后，被一块块放到平坦的筛子里，然后端到阴凉的房间（制曲室，俗称酶房）挨个摆放。每一个筛子下面，都会垫上一两层稻草。

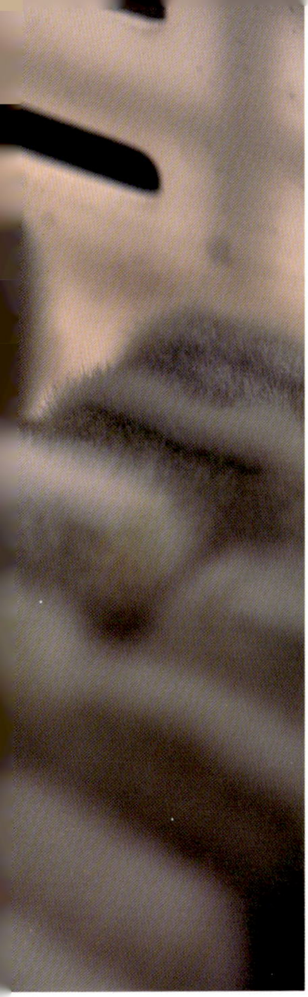

稻草是毛霉菌落最喜欢投宿的客栈。就这么垫着、放着，十来天后，灰白丝絮般的菌丝就会爬满每一块豆腐。

接下来就可以发酵了。

中国的豆腐乳分为青方、白方和红方三大类。青方主要指北方臭豆腐，白方则以桂林腐乳为代表。至于在川渝地区流行的红方豆腐乳，不用猜，一定跟辣椒有关。

毛霉菌丝出现后，豆腐块便包覆了一层灰白色的表皮，所以东溪人也把豆腐乳称为“灰膜”。然而有了灰膜只是开始，你要让豆腐从发霉转向美味，就必须立刻将它装坛密封，为微生物提供深度耕耘的环境。

在长达数月乃至一年的密封发酵过程中，毛霉菌不断产生蛋白酶，把豆腐里的蛋白质分解为氨基酸，这将决定豆腐乳的鲜味；而它产生的淀粉酶，又能把豆腐中的淀粉分解为酒精和有机酸，从而形成豆腐乳独特的风味。

这是一个奇妙的微生物化学反应，叫作美拉德反应。在我们这本书里，你将不止一次见到它。

为了配合、助力这个反应，你需要在装坛的同时添加适量的辣椒、盐和料酒。它们将充当“味觉塑造者”的角色，决定一坛豆腐乳最终的价值。

三种配料的质与量都要精准把控，它们之间的比例也必须恰如其分。稍有差池，必生异味。

李树程的人生轨迹，全在东溪镇上。

从 20 世纪 30 年代到 80 年代，他一直待在“仁丰和”及其改名而来的国营东溪酿造厂，天天辛苦劳作，

50 年未曾间断。乡人们的口味喜好，就像源代码一样写在他脑子里，每一个配方、每一种比例，都变成了下意识的记忆。

他在 1983 年退休。那时候和那之前都没有周末双休的概念，也没有三天小长假、七天黄金周。他每天都要经手大约六百多斤黄豆，将它们全部磨成豆腐后，可以做成两万多块豆腐乳。

掏出你的手机算一算就知道了。50 年里，李树程亲手制作或参与制作的豆腐乳，数量至少是 3 亿多块。对，没有错，3.5 厘米 ×3.5 厘米见方一块，3 亿多块。

即便在最困难的 1958—1962 年，这家老厂也没有停过工，李树程也没有休过长假。你从那 3 亿多块豆腐乳里随便挑一块出来，就能让 5 岁的李宗全畅享童年的美好；再挑一块出来，还能让东溪镇上的某一个乡亲无论身在何处，只要一闻、一尝，就能想起家的模样。

2012 年，李树程逝于东溪镇，享年 89 岁。他用恒久不变的豆腐乳守望着家乡，为人们维系着关于家的味觉线索。从生到死，不曾离弃。

李宗全牢牢记住了那碗美味的豆腐乳糊糊。他很早就决定走父亲的路，去做豆腐乳。

1972 年，19 岁的李宗全如愿进了东溪酿造厂。父亲是主管技术生产的副厂长，跟他学手艺，首先要从做豆腐开始：选用东溪本地的黄豆，用老石磨推豆浆，推完再点豆花，点完后把豆花包起来压榨，排干水分，得到豆腐。

压榨必须用传统榨机。这是一个木质机具，结合各种重物共同起效，构造很简单。而压榨的手法却不简单。父亲这种行家压出来的豆腐，可以拎在手上随便甩，行话叫“甩得过河”，可见豆腐的柔韧度有多厉害。

豆腐乳最大的特色就是入口绵软、顷刻化渣，所以豆腐就必须足够柔韧。而要想做出“甩得过河”的豆腐，光练压榨是没用的，李宗全必须回到煮豆浆的环节，从那里练起。

还记得“武隆羊角豆干”里的梁婆婆吗？她也有同样需求。所以她采用了“熟浆过滤法”，也就是把豆渣和豆浆混在一起煮开后再滤去豆渣，得到营养与韧性兼具的豆浆。

李宗全也如法炮制，快速混煮——父亲说一定要快速，因为生豆浆十分娇气，稍一耽搁就会发酸，怎么煮都没用了。

豆腐榨好后切成小块，再晾晒一番，便要进入刚才说过的制曲环节了。到李宗全挑大梁的时候，制曲已不需要稻草，直接撒人工培植的毛霉菌种就行，在 15 ~ 25℃的室温下，持续 28 ~ 30 个小时就成，效率提高了不少。

但装坛发酵时间减不了，起码得三个月后才勉强可以吃。一年以上开坛是最好的，所有粗蛋白都变成了氨基酸，豆腐块从里到外都熟透了，酯香最是浓烈。直接入嘴的话，口感已经很迷人了。

然而这还只是半成品，还差一件味道的外衣。各种香料、配料该上场了——想要香辣型还是五香型？想要本味还是煳辣味？都会在拌料的环节决定下来。

光这拌料，就够李宗全练上三年五载的。

1998 年前后，李宗全也成了厂里的 CTO，跟父亲当时一模一样了。可这时，东溪酿造厂也走到了破产改制的境地。

遗留难题太多，改制说了好几年也没个结果，厂里人心涣散，很多技术骨干就此流失。有的下岗了，从此不谈豆腐乳；有的跳槽了，从此不回东溪镇。这其中的不少人，都是李树程当年带出来的徒弟。

李宗全也不是没有机会，不少同行私企都挖过他，他想要挪窝很容易。父亲那时候还健在，并未干涉，万事由他自己决定。

李宗全一时产生了错觉，觉得自己不是快五十岁的大人，而是当年那个 5 岁的孩子，端着一碗惨白的糊糊，眼巴巴地望着父亲，等他变出世界上最美的食物。

你以为那只是一块豆腐乳？这么说吧——假如有人给你花不完的钱，要你放弃你的家、你的根、你的归宿，你愿意吗？

反正李宗全不愿意。这几样东西是他的命，你想拿钱换他的命？

2005 年，改制完成了，东溪酿造厂变成了调味品有限公司，有四五个股东，全是原来厂里的老员工，其中只有李宗全一个人是搞技术的。

就不走。就待在东溪镇上。就待在和父亲一起走过的日子里。只要我在这儿，东溪豆腐乳就还在这儿，永远不挪窝。有人想回来找家的话，一闻就能找着。

接下来的几年，过得真快。

原来纯手工的磨浆、制豆腐流程，全改成机械化操作了。这是最费力且低效的工序，早该改革了。厂里如今可以三班倒连续运作，每一班的单日产量都能超过父亲那时全厂的单日产量。一天顶三天，一年顶三年。

真是越过越快。

到今年，李宗全已退休 6 年了，主要在家带外孙，定期回公司指导一下。公司还在 60 年前公私合营时的老地方。虽然厂区里变化很大，但他从小就在这院里混，没有一处他不熟：

你看厂门口进来是一条直路是吧？我小时候不是这样的，进厂是一条青石板路，喏，就从那儿，绕到那儿，再从那栋老房子出来。

前两年区文化馆要收集过去的老石磨、老榨机，都埋在土里好多年了，只有我知道埋在哪儿，就那么伸手一指，挖出来就是，哈哈。

带你上楼顶看看——下面就是东溪河，对面那个山坡就是凤凰山，咸丰年间“仁丰和”就在那儿开张的。

顺着东溪河往下走就是太平桥，现在还在用，过去是个大码头。我小时候，万盛的煤炭、贵州的山货、重庆的日用品……都在那里进出。东溪这地方，嘿嘿，你莫小看！

忽然一阵微风轻扬，送来一股豆腐乳的暗香。这时再看李宗全，身在故土，心在那年，到老未变，真像古镇里的又一处地标。

重庆市级非物质文化遗产
荣昌卤白鹅制作技艺
传承人

罗德建

四十九岁
从业二十五年

CHONG QING BAOBEI

鹅，鹅，鹅，曲项向天歌

荣昌卤白鹅制作技艺

罗德建妻子的脚又发病了。这次是因为走路过多，触发了右脚骨质增生和半月板的旧伤，一夜之间，动弹不得。

老办法，去永川找熟悉的医生。

年近半百的夫妇俩，最近几年频繁往返在荣昌到永川的高速路上，像一对相伴经年的候鸟，来来去去，成了风景。

看完医生，罗德建带妻子回家。几十里路说到就到，视野里出现了荣昌服务区那块硕大的户外广告牌：

小罗卤鹅。

荣昌，重庆最西边的一座小城。沱江的两条支流——濑溪河与清流河像两根动脉血管贯穿其全境，串起了大大小小一百五十多条河流与溪流。四川白鹅在这里找到了绝佳的栖息地，繁衍速度远胜于荣昌的城市名片：猪。

鹅是家禽界的大型食草动物。一只健壮的成鹅发起飙来，可以完胜一个健壮的成人。这么能打，它的肌肉自然趋于完美，对人体有益的不饱和脂肪酸含量达到了 46%，甚至超过了牛羊肉。

然而鹅肉终究跟牛羊猪肉不同。它毕竟是禽类，肉质较细，不太适合爆炒烧烤。因为食草的缘故，它又比鸡鸭肉更粗，煲汤这种细活儿，它干起来似乎也有些勉强。

不同的食材，当然需要不同的手段来烹制。

元末明初和明末清初，中国大地上都发生了气势恢宏的战乱，由此伴生了断续三百多年的移民入四川。

在浩浩荡荡的移民队伍里，有一个特色鲜明的族群——客家人。他们大多来自广东潮汕平原，那里是客家人上千年迁徙史中一个重要的目的地。但到了明末清初，梅州、潮州一带已容纳不下更多的客家人安身了。人们只能响应朝廷的号召，去往地广人稀的四川。

客家移民走啊走，走到荣昌就不走了。这个海棠花开、安静丰饶的小城如此宜居，为什么还要继续流浪呢？

在荣昌长达数百年的县志记载里，客家移民的到来是一条极其重要的线索。因为有了他们的加入，小小荣昌才有了如今夏布、陶艺和折扇这三项国家级非物质文化遗产。

当然，也有了荣昌卤白鹅这道非遗美食。

制作卤菜，是潮汕客家人看家的本事。潮汕人卤鹅，最多时要用到几十种香辛料来制作卤水，把咸鲜甜香等各种味道都调到最佳比例，然后才是卤制。卤水烹煮的时间短了，卤汁不能深入每一根纤维，鹅肉入口，多嚼两下便会原形毕露；时间长了就更不行了，肉都煮烂了。

荣昌卤鹅成品的特征是这样的：它肥而不腻，你吞掉一整只鹅的话可能会撑，但不会油腻到恶心的地步；它入口带劲，但不塞牙，你的每一次咀嚼动作，都能准确瓦解肉质纤维的抵抗能力，多嚼几次，自然化渣；它有始有终，香味不会因咀嚼而消减，直到全部被吞进肚里。不像有些低档卤菜，头两口还有满满的卤味，嚼到后面，肉腥味就喷薄而出。

这里面的一招一式，都渗满了荣昌土著与客家移民数百年来的心血。那些卤鹅世家祖传的老卤水，动不动就是几十上百年的历史，几代人都在用。

20 世纪 50 年代的某一天，一个很牛的卤鹅世家，把手艺和卤水传到了一个叫谢福禄的农民手上。

可惜生不逢时，谢福禄无法把卤鹅手艺做成事业。他只能趁挣工分的间隙躲在家里，悄悄地卤上那么一两只来给家人打打牙祭。

谢福禄的大哥在 1970 年生了一个女儿。改革开放春风吹起的时候，这个小侄女上小学了。班上有个同村的小男孩，他个子瘦小，衣着破烂，想

法特多，而且胆子还很大。一旦他冒出什么古怪念头，立刻、马上，就要付诸行动。

开学第一天，小姑娘就牢牢记住了这个男孩的名字：罗德建。

“学渣”罗德建生在一个十二口之家。他排老九，前面 8 个姐姐，后面一个弟弟。这样一种家庭状况，贫困是必然的。所以上完小学三年级，罗德建便辍学了，回家割草放牛、种菜卖菜。

后来母亲走了，8 个姐姐也先后出嫁，家里就剩下父子三人相依为命。老爸体弱多病，弟弟年纪还小，当家人的担子只能落到罗德建肩上。那年他 16 岁，卖菜卖猪的营生已做了五六年，养活家里三口人，不在话下。

那年小谢姑娘也是 16 岁。自从小学一别，她一直悄悄关注着这个青梅竹马的同窗。他像风一样来去匆匆，却又让人心生牵挂。大约 7 年后，她嫁给了他。而在这之前，他卖菜亏掉了一万多元。那可是 20 世纪 90 年代初的一万多元，你了解吗？

然而这并不足以动摇她。穷也好，富也罢，她认定了，就是他。双方的家人开始进入彼此的生活，这其中也包括小谢的叔父——谢福禄。

大约在 1993 年前后，经过差不多两年的观察，谢福禄决定收这个还没正式上门的侄女婿为徒，把卤鹅手艺和一大缸传承六十多年的珍贵卤水都传给他。被上万元巨额亏损逼得走投无路的罗德建，从此进入了卤鹅这个行业。

老爷子没有看走眼，因为罗德建用惊人的速度学会了全套卤鹅技艺，又用惊人的速度把它做成了大生意，十年不到，就创建了一个响当当的品牌：小罗卤鹅。

这是荣昌那么多卤鹅世家与门派里，最早诞生的企业品牌之一。

讲原则，能吃苦，小罗的确是个人物。

一般来说，6 个月大的老仔鹅肉质最好，如果是自家卤来吃，这种鹅当然是首选。但做生意又不同，老仔鹅收购成本过高，市场接受度很成问题。所以市面上很多商家都卖 65 天左右大的仔鹅，这样才会有人买。

然而从肉质口感来说，只有养足 90 天才能达到“好吃”的标准，价格也不算太贵。因此，小罗卤鹅只用 90 天大的农家散养仔鹅。

荣昌本地鹅不够选了，罗德建就开着车跑到黄河流域去找资源，因为北方的鹅品相好。他从青海一直跑到山东，从黄河源头一直找到入海口，一万多公里跑下来，终于拿下了山东东营的优质鹅源。

这种体力活，大概也只有从小辍学当家的罗德建才干得下来。

2002—2007 年，小罗卤鹅高歌猛进，光在重庆主城区就开了二十多家店。小罗为此亢奋无比，一头扎进了多个相关或不相关的行业：跟人合伙，

有了这个盐度检测仪，卤鹅人不必再用舌头帮你尝咸淡了。

在荣昌繁华地段开了一家以“全鹅宴”为招牌菜的豪华酒楼；跟人合伙，投资煤矿；跟人合伙，开发商业楼盘。

小罗春风得意，妻子则默默跟随，鞍前马后，累出了一身毛病。然而最后，各种大业务通通无疾而终。罗德建一度非常痛苦，不知道问题出在哪里。今天提到这一节，他只怪自己命不好，每每与人合作，总是所托非人。

不管怎样，大约从 2012 年开始，小罗卤鹅的战略发生了重大转变，最突出的表现是——当家人从张扬的小罗变成了沉稳的老罗。

老罗不再参与卤鹅以外的任何生意，把全部的精力和财力都投入了自家的鹅厂。他在荣昌的食品工业园区置办了 2000 平方米厂房，铺设了两条生产线，其中有不少现代化工具。例如 11 口电加热卤锅，每口口径一米多，这可是他根据二十多年的经验确定下来的最佳尺寸。

再例如便携式盐度检测仪。这是一个长相新奇的小玩意儿，只要取一点点卤水注入其中，再把它凑近眼睛像望远镜那样一瞄，就能看到关于咸淡的实时数据。

过去几百年来，荣昌卤鹅人都靠自己的味觉和经验来替广大食客做选择，现在老罗不这么干了，得靠科学，得以大众口味均值为准。他的厂每天最高产量可以达到三万只卤鹅，标准化生产让每一只鹅的口感都一样，很少存在偏差。

老罗在成渝之间 4 条高速路的服务区以及两地高铁站各开了一家直营

店，就靠这几家店，再加上电商，一年也能卖到一千万元左右。

除了传统的卤鹅肉，老罗还开始研发卤制鹅肝和油炸鹅肝，一旦成功，他说那将是一道可以挑战法国鹅肝的美味。

他一直认为自己不光懂卤鹅，也懂营销。多年来，他都坚持每年花上好几十万，在荣昌高速服务区这样的显眼地段打出“非物质文化遗产·小罗卤鹅”的巨型户外广告。

这样的手笔，岂是一般卤鹅人敢想、敢干的?

今天的老罗过得很踏实，不用再像从前那样，每天都要为未知的事担忧。他目前有三个愿望：

一是后半辈子就做好卤鹅这一件事，把师父兼叔父传下来的手艺好好地传下去；二是伺候好老婆，让她一年少发作几次脚伤；三嘛，就是远在加拿大读研的女儿，有一天能自己想通，回来继承他的事业。

不过，年轻人的事真不好说，嘿嘿。

老罗笑着走向车间，背影颇像一只骄傲的老鹅——脚踩家园，向天而歌。

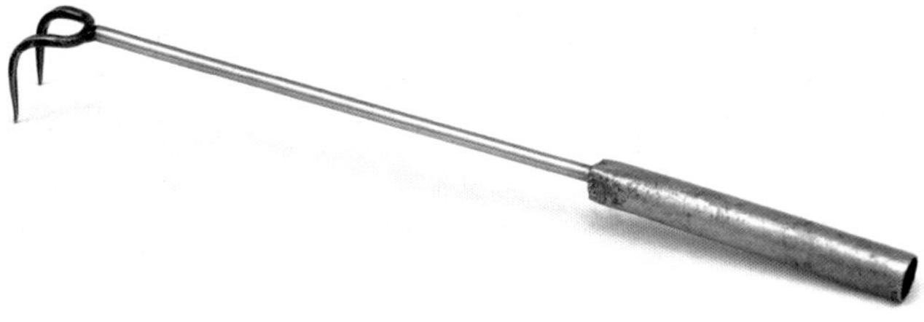

重庆市级非物质文化遗产
邮亭鲫鱼传统制作技艺

传承人

刘著英

六十九岁
从业二十九年

CHONG QING BAOBEI

刘三姐的背篓

邮亭鲫鱼传统制作技艺

贯穿邮亭镇中心的那条大（足）邮（亭）公路，一头连着成渝高速，一头通向著名的大足石刻。

大邮路上有个“邮亭鲫鱼一条街”，马路两侧布满了不下20家餐馆，家家打着“邮亭鲫鱼”的招牌。每天早上七八点钟，店门先后打开，人们络绎不绝地走出来，有的挎着篮子，有的背着背篓，三三两两，奔着镇上的菜市场而去。

他们有一个共同的目的：采购。

虽然鲫鱼、调料等核心食材都有人送货上门，但配菜，例如卤拼、凉粉、豆腐干、山椒、木耳等，还得店家自己去买，天天如此，风雨无阻。

在这支清晨出动的采购大军里，刘三姐大概是最特殊的一位了。

在邮亭刘家五姊妹里，刘著英排行老三。乡人们叫她刘三姐都好几十年了。光看外貌打扮，你会以为她也只是店里杂工一枚，而不是大名鼎鼎的“邮亭刘三姐鲫鱼”老板。

刘老板拥有三家邮亭鲫鱼餐馆，大邮路上这家是年头最老的。它并不在“鲫鱼一条街”上，而是躲在一两公里外、更靠近大足方向的天堂村路边，周围没有一家同行。

站在硕大的“刘三姐”招牌下，会感到一点孤独和骄傲。

29年过去了，这家餐馆一直在这里，没挪动过。刘著英至今还住在餐馆楼上一个套房的主卧里，客厅和次卧里都住着员工。

年纪越大，越恋乡土，而大邮路上天堂村就是刘著英的乡土。从1977年嫁过来算起，她在这里生活了41年；从1990年把老屋改建成餐馆算起，她在这里煮了29年鲫鱼。

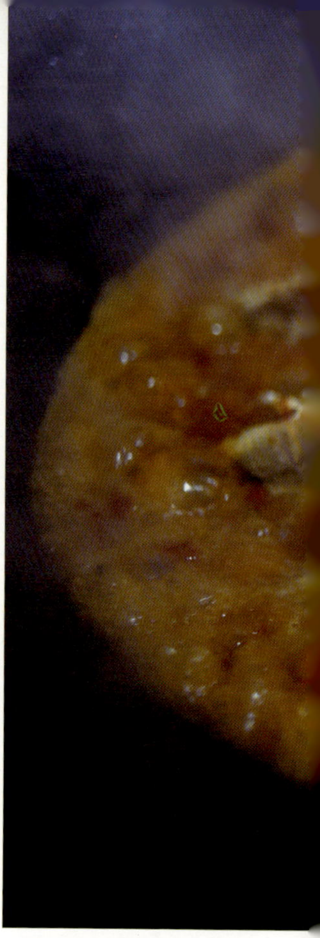

在刘著英之前，“邮亭鲫鱼”这个品牌已经消失了很多年。

1972年高中毕业后，出身不好的刘著英上不了大学，只能在村里当民办教师。嫁给镇上的老杨后，她从初中教到小学，从小学教到幼儿园，最后玩起了废品收购，一年不如一年。

还好，老杨在老屋旁边开了一家废旧金属回收站，成了家里的顶梁柱。

可是老杨没了——1989年的某一天，老杨带着一岁多的小儿子欣欣搭人家的摩托车外出，路上出了车祸，

两个大人当场遇难，只有欣欣幸存了下来。

那一年，大儿子 11 岁，上小学四年级。

悲伤过后，刘著英发现丈夫的生意无法再做下去了，那么，该如何养大两个儿子呢？

思来想去，她决定开一家餐馆，就在她和老杨曾经相依为命、聚沙成塔的地方。这也是门槛最低、最有可能快速产生现金流的生意了。

1990 年，餐馆选了个好日子开张了。餐馆里只有 4 张桌子，名叫“欣欣饭店”。没错，是小儿子的小名，浸透了三姐的爱与痛。

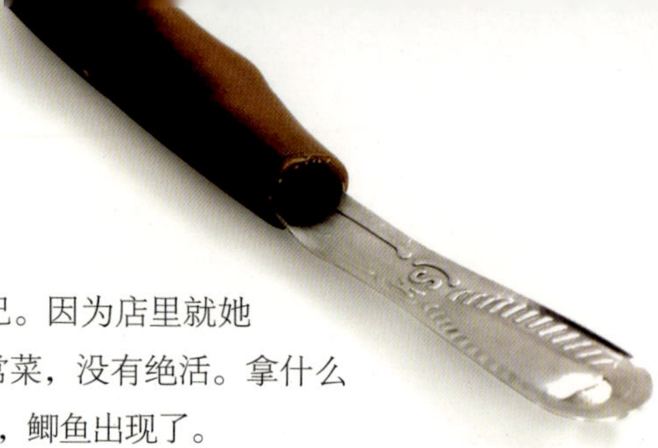

开张前刘著英慌乱不已。因为店里就她和侄儿两个人，只会做家常菜，没有绝活。拿什么当招牌菜？脑子里一阵乱闪，鲫鱼出现了。

刘著英小时候，父亲在镇上开小饭馆，经常拎几条鲫鱼回家，下锅煎至二面黄，然后用泡萝卜、泡椒、泡姜，加上自制的辣酱熬上一锅酱汤，再把煎好的鱼丢进去，慢火焖上一阵。

锅盖揭开，满屋生香。刘家五姊妹加上两个兄弟，总共 7 个孩子，总会在灶台边围成一圈，垂涎欲滴、不能自拔。

父亲叫刘廷平。父亲的爷爷叫刘汝德，清朝咸丰年间人。

邮亭，自古就是成渝邮路必经之地，从不缺打尖住店的客流。村民刘汝德瞅准机会，以一手自创的水煮鲫鱼杀入市场，建立了“邮亭刘鲫鱼”的口碑。到了刘廷平这辈，正式挂出了“邮亭刘氏鲫鱼”招牌，一直经营到 20 世纪 50 年代公私合营方才中断。

那就弄个鲫鱼吧。谁叫它家学渊源、容易上手。

进入 20 世纪 90 年代，邮亭乡间的水质开始下降，土生鲫鱼越来越难吃。只有几十公里外的荣昌县广顺镇，还有相对较好的货源。

于是在“欣欣饭店”开张的前一天，天刚蒙蒙亮，两个儿子还在熟睡中，刘著英便背着一个背篓出门了。替她在家照料孩子的，是专程赶来的嫂子。

坐在早班客车上，刘著英一度想哭，这念头一冒出来便被生活压了下去，无数个新念头又冒了出来：怎么买鲫鱼呢？这里面到底有多少讲究呢？

她其实什么都不懂。

那天她从广顺背回了二十多斤鲜活鲫鱼，回家后赶紧把鱼丢到老屋旁的一个小池塘里养着。第二天开张时一看，差不多死了一半。

她不懂，鲫鱼是一种对水温非常敏感的鱼类，想要它们活到下锅前，必须建专门的石质鱼缸，还得有完备的供氧。

欣欣饭店开张第一天，是在心疼与心酸中度过的。那天只卖了不到 10 斤鱼，亏得好惨。

第二天一大早，刘著英又背着背篓出门了。她必须把这盲人摸象般的生活继续下去，拿教训当经验用。跟斗摔多后，她摸到了门道：

鲫鱼不能太大，那样肉质粗疏，入口就成粉末，没有绵软扎实的劲儿；也不能太小，那样没有嚼头，泥腥味也重；最好的，是毛重三四两的中等个儿。

除了个头，还得看嘴巴，例如尖嘴的“香云鲫”就不能要，肉质必定也是粉末状。一定要扁头扁嘴的，那才劲道。

她背篓里的鱼，品相越发高端。后来即使选定了湖北的“方正鲫”，她仍然把心得写成了采购标准，三家店里，人人周知。

除了鱼，调料也是核心科技。餐馆刚开张时，各种配料都是就地取材，没那么多讲究。很快她就明白了，不是每一个食客都能像家人一样包容。

做一道好鲫鱼，色香味都得给力才行。

比方说辣椒。从前她一直用本地小米辣，能辣到你烧舌钻心。而用它熬出来的料汤，颜色霸道，醇度却严重不足。

于是刘著英选用云南辣椒，辣味纯正适中，熬出的料更酽。

再比方说花椒，本地花椒苦麻味过重，还得去云南找。

豆瓣酱也是特别重要的一道调料，要靠它来决定鱼和汤的咸鲜浓淡，乃至色泽。于是刘著英又去四川，选定了最满意的郫县豆瓣供货商。

总之，一切都要原产地的，包括腌泡菜的坛子。一般的坛子因为烧制工艺粗陋，难免有眼儿，有眼儿就会漏气，漏气就会泛白，泡菜就毁了。

幸好，她背着背篓去买鱼的荣昌县是著名的西部陶都，不缺好坛子。

才一两年，“欣欣饭店”就做大做强了。老屋的土房子很快被推倒、新建，店堂面积扩大了好几倍。餐馆的招牌也换成了如今这款：邮亭刘三姐鲫鱼。

一道新菜式从此闯进江湖，接续起了咸丰朝的血脉。不论是传统的泡椒鲫鱼，还是新创的肥肠鲫鱼、大蒜鲫鱼，各地慕名而来的食客都习惯称之为——邮亭鲫鱼。

1994 年 10 月，成渝高速公路通车，在邮亭有一个出口。大邮路上来往的车一下子多了起来。刘著英不得不往屋后的山坡上继续扩张，逐渐形成了一座前院后院、坡上坡下的大宅子。

每天销量也从最初的几斤飙升到几十斤、几百斤。2010 年国庆节还创造了 2000 斤的单日销售纪录，邮亭至今无人打破，包括三姐自己。

高速公路通车前，大邮路上出现了第二块“邮亭鲫鱼”的招牌，离邮亭下道口更近。接下来是第三块、第四块，直到第 N 块。他们全都布局在更有利的位置，渐渐形成了一条街。

刘三姐却稳如泰山，从不想去凑热闹。她每天琢磨的只有那套煮鱼经，29 年翻来覆去，从不厌烦：

呃，如果食客有需要，就把鱼煎成二面黄吧，没打招呼的就不煎，这样更能保持鲫鱼的鲜嫩。

嗯，把云南泡椒、云南花椒、四川泡姜、郫县豆瓣按最佳比例混合在一起，煎炒至色香爆发，再当头淋入高汤，猛火熬制 5 分钟。

喏，倒入鲫鱼，小火焖 15 分钟，注意随时翻搅，避免粘锅。时间一到，用锅铲轻轻抬起一条鱼，如果感觉软软的，那就好了，可以起锅了。

一盆鲫鱼上桌喽！

汤浓色酽，鱼翔浅底，香入肺腑。如果你需要，再在鱼形碟子里来上一点榨菜、葱花、豆豉什么的，加上两瓢鱼汤当蘸料，蘸着绵软鲜嫩的鲫鱼入嘴。人生的小确幸，就是这样了吧？

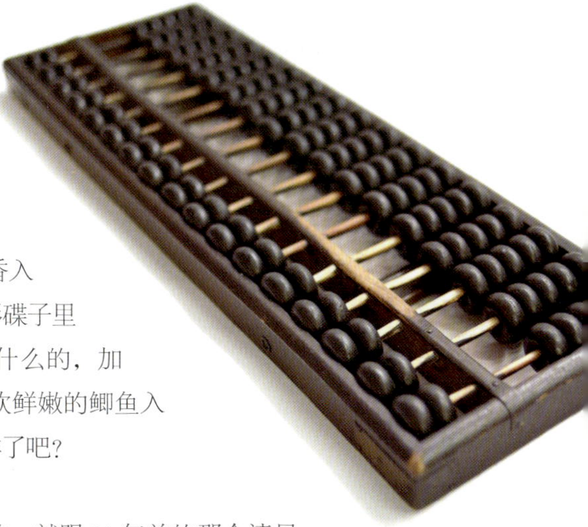

刘著英至今坚持亲自采购，就跟 29 年前的那个清晨一样。只是，再也找不到小背篓了。

当年青丝，已成霜雪。三姐如今最大的心愿，是儿子能把她的手艺好好地传承下去。大儿子现在都 40 岁了，有了自己的事业。他从小就很懂事，每到夜里九十点钟，哪怕店里还有客人没散席，他都会吵着嚷着要打烊，因为妈妈该休息了。

所以三姐更操心小儿子欣欣。这个劫后余生的孩子，这个老杨临走前看过最后一眼的孩子，是她心里最大的牵挂。她想看到他也挑起担子来。

这副担子可不光指烹鱼的手艺，还有责任。三姐从来不说，但孩子们心里明白：妈妈辛辛苦苦奋斗半生，不是为了名利，而是为了他们。

为了他们，妈妈从未想过再嫁。

国家级非物质文化遗产

永川豆豉酿制技艺

传承人

陈祖勋

七十三岁

从业五十八年

豉生南国，此物相思

永川豆豉酿制技艺

CHONGQING BAOBEI
MEISHI

按汉字“六书”的定义，豉，应该是个形声字。左边的“豆”是形旁，表明类属，不是黄豆，就是黑豆。右边的“支”，当然就是音旁了。然而它并不读“支”。在普通话里，它读“尺”，尺子的尺。

这很有意思啊，好像我们的祖先在发明豆豉这种食品的时候，就知道它会像尺子一样，既要符合自然界的规律，又要具备标准化的概念。

到了方言里，“豉”的读音就更加多元化。四川、重庆一带，读“食”，食物的食，二声。这可能是最简洁明了的诠释了。

而在另一些地方，则读“矢”，三声。“矢”者，箭也，你可以从中引申出先锋之类的意思。这倒很贴切，因为经过特殊方法酿制而成的豆豉，在食用价值上的确超越了豆子本身，成了一把开拓广阔市场的利器。

那么，是怎样一种特殊的方法呢？

72 岁的重庆永川豆豉食品有限公司退休技师陈祖勋，近年来爱上了钓鱼。每天清早扛着钓具出门，下午才回家，比退休前还要有规律。

不钓鱼的时候，他会跟几个老伙计聚在一起，热烈讨论彼此的收入。和别人比，陈祖勋要多出一份政府补贴，以前是每年 6000 元，现在据说要翻倍。老伙计们对此除了羡慕，也只能羡慕了：

谁叫他会做永川豆豉呢？谁叫永川豆豉是国家级非物质文化遗产呢？谁叫他陈祖勋是这件非遗宝贝的传承人呢？这样的履历，始于将近 60 年前。

1960 年初春，永川乡下 14 岁的少年陈祖勋被招进国营复华酱园厂当了学徒工，从此不会再饿肚皮了。

国营复华酱园厂，就是今天的重庆市永川豆豉食品有限公司。它的历史可以追溯到 1825 年。那一年，永川有一个叫杜鼎丰的乡绅，开了一家名叫“鼎丰号”的酱园厂。

在中国农耕文明史上，很早就有人发现，如果将面粉或豆类混合盐水，做一定时间的发酵处理，会得到一种红黑色的液体或固液混合物，其味道咸鲜，非常适合用作菜肴调味。古人为它造了一个“酱”字。

从古以来，凡是售卖酱类食品的作坊商店，都被称为“酱园”。明清时期，依照南酱北酱的不同流派划分，先后诞生了北京六必居、长沙九如斋、扬州三和四美、广州致美斋这四大酱园。

诞生于道光年间的永川鼎丰号，也有着一颗酱园界的雄心。在它的酱类产品序列里有一道独门绝技，那就是永川豆豉。

简单来讲，发酵，就是对食物进行微生物培养，使之发生化学变化，从而得到另一种代谢产物的过程。如果不用人工介入，这就是一个腐烂的过程。把一颗醇厚饱满的黄豆浸水后丢在空气中，微生物就会在豆子上潜滋暗长、遍布全身，豆子最终的命运要么成为垃圾，要么成为豆豉。

两种命运之间，就隔着一群像陈祖勋这样的人。

1956 年，拥有一百三十多年历史的鼎丰号酱园厂成了公私合营企业。几年后，14 岁的陈祖勋进厂了，第一件事就是拜师。他先后拜了 5 位老技工当师父。

世界上会做豆豉的还有很多人。比方说湖南浏阳，特产“曲霉型”豆豉；而日本纳豆，则是“细菌型”豆豉的代表。而陈祖勋和他的师父们做的永川豆豉，则是第三种流派——“毛霉型”豆豉。

曲霉、细菌、毛霉，区别在于微生物培养的方式。前两种都需要人工植入米曲霉或细菌，唯独毛霉型，只需借助自然的力量。

陈祖勋至今还能行云流水般操作一整套流程：精选春季采摘的上好黄豆，椭圆、薄皮、无霉变、油脂低、蛋白质高。将它们淘洗三遍以上。

浸泡，冬季 4 ~ 5 个小时，夏季 2 ~ 3 个小时。浸泡时间过短，豆子水分不够，微生物生长就有困难；时间过长，豆子又会泡得过软，影响形态与口感。

然后是蒸煮，几百斤豆子倒进一个大蒸笼，一笼蒸下来，熟得刚刚好那种。接下来，就会进入奇妙的微观世界。

拌料池

永川，重庆西部一座默默无闻的小城。讲土壤，讲雨水，讲环境，讲人口，它跟周边接壤的几个区县之间，并无明显区别。为什么只有它把豆豉做成了名扬四海的特产呢？

讲不清的。实在要讲，只能归结为永川

制曲室

人更早发现了制作豆豉的自然规律，更早把这规律变成了技艺。

陈祖勋当然不关心这个。他只关心两件事：第一，制曲；第二，发酵。

黄豆蒸煮过后，就要被送到制曲室里，静待那种叫作“毛霉菌”的微生物自己找上门来。所谓制曲室，就是相对避风、温暖潮湿的大房间。如果在冬天，其室温可以长期保持在 5 ～ 12℃。

这是毛霉菌最喜欢的生长环境。为了得到理想的室温，永川豆豉一般都在冬季制作，尤其是冬至前后。

制曲室里摆满了几层高的竹架，竹架上是直径一米多的竹制圆簸箕。熟豆运到这里，被一层层地装进簸箕里摊开，中间薄、两边厚，让水分慢慢溢出，再悄悄滑进空气里。

大约两周后，黄豆表面就会覆满一层灰白色丝絮状的东西，毛霉菌现

身了。制作永川豆豉最关键的第一步，成了。

第二步，发酵。

把黄豆们装入一个个大坛子里，加入一定比例的白酒、醪糟、食盐，再用盐封住坛口，放到最通风、日照最充足的房间里，就这么等着。从上一年的冬天，一直等到这一年的秋天，历经差不多一年，你才可以打开坛子。

揭开坛盖的刹那间，浓烈的酯香扑鼻而来。头一年还是白衣飘飘的一坛黄豆，今年重逢时，已是颗颗乌黑油亮的豆豉，散发着动人气息。

捡起一粒豆豉放进嘴里，轻轻咬破，再用舌尖将它顶在上颚，轻轻摩擦。这时候你呈现出的吃相一般是闭着嘴，上下嘴唇紧挨着横向用力；而嘴里的豆豉在摩擦力的作用下会迅速融化，只留下满口鲜香。用行话讲就是 16 个字：

光亮油黑、滋润散籽、清香回甜、味美化渣。

发酵坛

人工筛除残次品

开坛后的成品豆豉都是本色本味，更适合炒回锅肉用。如果把它裹上油辣椒，或者掺入牛肉粒、芽菜粒、姜丝等，它就会变成各种口味的调味品，哪怕只配上一碗干饭，也能吃得活色生香。

毫无疑问，这是家乡的味道。

可考的永川豆豉源头出现在 1644 年，一个王朝更替、杀伐攻略的年份。传说永川郊外一个农妇某天正在家里做饭，忽闻张献忠杀到，慌乱中将一瓮刚熟的豆子藏到柴堆下，匆匆逃走。

一个月后农妇回家，发现那瓮黄豆已全身长霉，对，就像刚从制曲室里走出来一样。农妇舍不得丢，便找来一些白酒和盐掺进去，大概是想给豆子消消毒。

直到这一步，简直跟永川豆豉厂里的技师们做的一模一样。这个据说姓崔的明朝农妇，就这样发明了豆豉。

几百年来，永川乡间很多人家都会做豆豉。种几垄黄豆，筛几斤佳品，细细淘洗，自然生曲，精心酿造，耐心等候……然后便是温暖地享用。在家一日三餐，离家关山万里，都不重要；有酒或无酒，有菜或无菜，都不重要。有豆豉就好，就能让人对家乡充满眷恋，对生活从不绝望。

陈祖勋说话是个大嗓门。他带过的一个弟子，也姓陈，跟他性格迥异——

说话轻言细语，脸上总是泛着笑。

永川豆豉食品公司副总兼总工艺师陈本开，51 岁，1991 年进厂。跟师父老陈不同，小陈毕业于西南农业大学（现西南大学），学的食品专业，是国家分配来永川做豆豉的。

一个好徒弟的价值不只在于传承师父，还可以升华师父——

陈祖勋能做出最完美的豆豉，却不一定能讲清其中的科学道理，陈本开恰恰为他补上了这个缺憾。比方说，为什么要用长达两周的时间来让黄豆长霉？

因为毛霉菌能够产生蛋白酶和淀粉酶啊。蛋白酶能把黄豆里的蛋白质降解为氨基酸，淀粉酶则能把黄豆里的淀粉降解为还原糖，在这个过程中还会产生黑色素，所以豆子最后会变成黑色……

这叫作美拉德反应，呵呵。

再比方说，为什么密封发酵的时间要一年那么久？不能快一点吗？

因为蛋白酶发挥作用的最佳温度是 40 ~ 45℃，所以冬天做好后，至少要等到夏天过完，才能得到营养最丰富的豆豉。什么？用人工恒温的办法加快进度？

你可以试一下啊，看看用天然气效果怎样。不过要提醒你，这样烘烤出来的豆豉，颜色木讷、没有光泽、入口味苦，貌似更适合当药吃呢……

科技的意义在于改变生活，而不是改变自然，对吧？

陈祖勋听徒弟说完，哈哈一笑，转身走向厂门外，喝酒去了。厂门内的大事小情，都跟他无关，这辈子跟豆豉的恩恩怨怨，都有人替他接续了，放心放心。

可贮存千吨黄豆的粮仓

重庆市级非物质文化遗产

松溉盐白菜制作技艺

传承人

王 祥

五十五岁

从业二十七年

说白了，就是杠杆原理

松溉盐白菜制作技艺

永川南边有个小镇，叫松溉。从古到今，永川人都把后边儿那个字念作“既”，没有三点水。

二十多年前，永川人自己也糊涂过，认为是古人多写了三点水，才搞得如今形音相悖，于是果断改名“松既”，把那三点水给去掉了。可古人表示此锅不背：古镇依长江而建，水流湍急，凶险万状，这股恶水向来被称为“溉（jì）水”，《康熙字典》里都是有注解的。

原来古人没写错。永川人祖祖辈辈也没读错。你把三点水去掉了，看起来好厉害的样子，可松溉的根儿就断你手上了。

2005年，重庆市政府批复永川区：同意把“松既”改回“松溉”，但后边儿那个字必须念“既”，既然的既。

早在明清，松溉就是川江上游的一个商贸集散地。跟众多川江水码头一样，它也孕育出了自己独一无二的风味：盐白菜。

韩国泡菜也好，四川泡菜也罢，都得用盐水来泡白菜。松溉这道盐白菜却是反着来：榨干白菜的水分。

每年立春前后，松溉镇上的调味品厂便会从山东购进大量大白菜，每棵都重一公斤左右。这可能是中国最好的大白菜了，根肥叶茂、水分充足、口感爽脆、极适烹饪。川渝一带习惯叫它“黄秧白”。

做盐白菜的第一步是清洗和切剖。小棵的对剖，大棵的一横一竖剖成菊花瓣，都不要切断，底部连着一点儿，方便集中搬运。

第二步是腌制，用适量的盐进行第一次发酵。盐白菜是一种必须经过二次发酵才能得到的腌制品，就好比炒回锅肉，肉片第一次下锅时间再短，也是一道不能少的仪式。

在酱缸或发酵池底部铺盐，铺完后盖上一层白菜，再铺盐，再铺菜，然后等个七八天。此时大白菜的内部已充满了盐水，看起来，马上要往泡菜的方向走了。

不行，前面左拐。最关键的第三步来了：榨干。

脱水蔬菜很常见，方便面就玩得很溜：先把蔬菜碎片化，再用甩干机初次脱水，最后用冷冻 + 真空干燥技术得到成品。

松溉盐白菜不能这样搞。它必须保持大片的菜叶原貌，而不是碎末；它还必须保持鲜脆的口感，而不是徒有其表。冷冻对口味影响太大，而真空干燥成本太高，也不适用。只有利用离心力这一条，貌似可以一试。

松溉人曾用滚筒洗衣机做过试验，还真甩出了不少水，可大白菜也被甩得支离破碎、惨不忍睹。他们还试过废品收购站用的压缩打包机，它是平面向下用力，不会像洗衣机那样乱搅。

也不行。重压之下，焉有完卵。没办法，只能回到老祖宗的路数上去，老老实实地榨。

老祖宗用一种古老的榨机，操作起来十分笨拙：一根长条木凳构成大梁；木凳一端是一道“门”字形固件，木凳上面则安着一个大木盒，木盒上有一根粗壮的木杠；木凳另一端的底部则是一张翘板。如果在“门”字固件上方安一把铡刀，这个装置有点像法国大革命时期的断头台。

似乎很难看懂。那就演示一遍吧。把腌好的大白菜装满那个大木盒，有四五百斤。那根粗木杠通过机关连接其他木质构件，正好压住白菜，不留空隙。木凳另一端的翘板呢，也通过支点与木盒连成一体，菜的重量加到了木盒那头，它这头还空空的，当然会翘起来了。

初次参观松溉这家调味品厂，你一定会纳闷：厂区里怎么有那么多条石？他们随时都在修路、垒堡坎吗？很快你就知道了——条石被一块块搬进榨干车间，再被一块块放到那张翘板上。一块条石大约 70 斤，一张翘板得放满 10 块条石，也就是 700 来斤。翘板因此慢慢落下，让 700 斤石头与四五百斤大白菜形成平衡。

用物理语言讲，菜那头叫阻力臂，条石这头就叫动力臂。动力臂短，

移动距离也短，相应地，你就得付出更多的重量。这就叫杠杆原理。

就这么杠着，一两天过去了。大白菜的水分在一点点散失，而 700 斤条石的重量也在不断压迫水分排出。水跑了，原本密实的木盒里顿时宽敞了不少，死压着菜的木质结构一下子活了。

于是“啪嗒”一声，翘板落地，第一轮压榨完成了。减一块条石，升上去，再来。四五天时间里，这个不断减重、配平的程序需要反复运行好几轮，才能宣告结束。起初饱满丰腴的大白菜变成了一张张薄片，薄如蝉翼，却几无破损。

四五百斤菜只剩不到两百斤干货，很难再用物理方法脱水了。接下来，大白菜们将在化学的领域继续前进。此时回望那架古老的榨机，令人心生敬意。它用粗笨的外表，包裹着先辈们对科学的熟稔与敬畏。

松溉盐白菜的源头，已无法落实到某个人或某个家族身上。我们只知道它大概发源于 300 年前，康熙、乾隆那会儿。

只有常年跑船的人，才需要大量脱水处理过的蔬菜。而要批量制造这种菜，就必须有方便充足的盐源。清代繁华的松溉码头，向来活跃着盐帮与船帮两大势力，发明盐白菜这东西，不过是时间早晚的事。

盐白菜的卖相并不好看，但口感却极为咸鲜香脆。它能被做成许多菜，例如煮肉丸子汤、酸菜鱼汤，炒回锅肉或盐煎肉等。这些都是最寻常的菜，天天出没在各家各户的餐桌上。

所以这道小菜很感人。它看上去毫不起眼，直接吃的话也不如泡菜爽口。但只要跟你家每天都吃的家常菜混到一起，它就会为你制造意料之外的惊喜。

对，给它一个支点，它能撬起地球。

1957 年公私合营前，松溉镇上做盐白菜的人家很多，其中一个姓胡的师傅最是有名。合营之后，胡师傅进入原江津供销社下属的调味品厂当了工人。他带出了一个好徒弟，姓蔡，人称“蔡大汉”。

1992 年，厂里来了位 28 岁的年轻副厂长，主管生产。他一上任就引起了蔡大汉的关注：这个长得细皮嫩肉的领导，干活倒是把好手。

这位领导叫王祥，18 岁就进了供销社，干了很多年五金产销，一路要着大锤锉刀上来的。所以他初入调味品厂时，并不怕苦和累。但不懂专业就很尴尬了，只能低调点，边学边干。技术一时学不会，就先从搬石头开始呗。

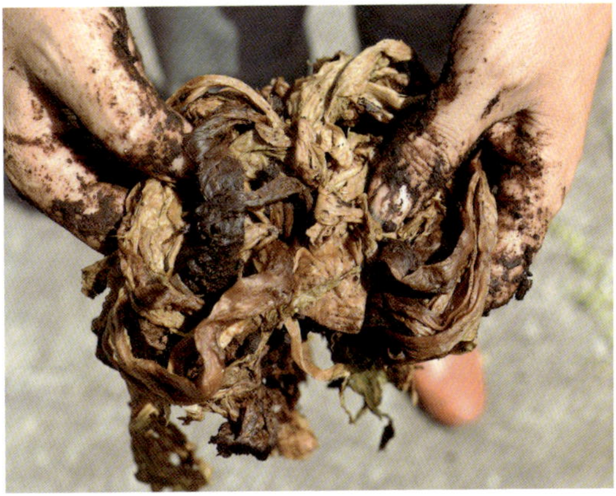

于是每到做菜的时节，王副厂长的核心工作除了应付各种计划、报表，就是去榨干车间当“奶爸”：推着一架平板车，就像推着一台婴儿车；那么重的条石，就像他刚出生的孩子，每天都要抱起来放到车

上去遛弯，遛完再抱起来，小心翼翼地放到婴儿床一样的榨机上。

“小朋友真乖。”蔡大汉常这么说。不知道他是说石头，还是说王祥。

跟蔡老师学手艺时，王副厂长就像个听话的小白。

第一次发酵就是用盐来腌嘛，很简单的。榨干主要就是靠杠杆原理了，副厂长你是高中毕业吧？也没问题。下面我们进入第三步：二次发酵。

榨干后的大白菜并没有味道，只是从一张白纸变成了一张可以书写作画的宣纸。你要让它赏心悦目，还得往里填东西。三百年间松溉人不断试验，终于确定了两样味觉填充物——松溉豆豉和包含十多种香料的配方。

春天里，长江边的田野上密布希望。王祥紧跟蔡老师，从豆豉的做法和香料的采集配制开始，一点一点地学。等到他也可以独立做出上好的豆豉与香料时，剩下的每一步操作，都像春天里最有意义的事：

打扫干净发酵池，铺盐、豆豉和香料，再铺一层菜，接着又是盐、豆豉和香料，然后又是一层菜……人世间每一粒绽放生命的种子，不都是这样撒下去的吗？

再然后，就是长达一年的发酵。总之就是等，等到豆豉酱香和香料芬芳全都融进大白菜的纤维里，所有的努力都会得到回报。这种满足感让王祥至今上瘾，无可救药。

2000年，调味品厂破产改制。王祥不愿下岗改行，便跳出来承包了厂子。可是市场变化太大，费时费力、附加值低的盐白菜和其他手作调味品很难适应，三年多后，就承包不下去了。

他不死心，又和几个老伙计以股份合作的方式继续经营，可结果也并不理想。到2014年左右，他只能打开厂门，放新的资本进来。

如今王祥不再是厂长，失去了对厂子的掌控权，成了一个老打工仔。五十多岁其实不算老，他却满头花白，眼圈发黑。不过他不想退休，也不想跳槽，就想待在原地，哪儿也不去。

累是累，颓是颓，可要是笑起来，还能看出30年前的颜值与

梦想。那都是盐白菜为他私人定制的礼包。出了松溉老厂的门，天下虽大，何处去找另一棵盐白菜安身？

现在如果想拜王祥为师学手艺，几杯酒下肚，高兴了，万事好说。可他若是不高兴，对不起，就得算一算了：

单教盐白菜一种，一口价多少？单教豆豉，又是多少？要是盐白菜、豆豉、酱油、麸醋打包学的话，可以适当打点折，不过你得想好哦，这可不是一年半载就能出师的。

手艺是有价的。天下哪有免费的午餐呢？好比那架榨机——翘板这头叫动力臂，它移动的距离跟作用在上面的力量是成反比的。要想少跑路，你就得多用力；要想省力气，你就得多跑路。世间安得双全法，没有好事占尽这一说。

人生这玩意儿，说白了，就是个杠杆原理。

重庆市级非物质文化遗产
江津烧酒酿造技艺
传承人
王河川
六十二岁
从业四十四年

河川之上，酒魂荡漾

江津烧酒酿造技艺

CHONGQING BAOBEI
MEISHI

凌晨两点，暑气消退了些，但那少年瘦弱的身子仍大汗淋漓。

他必须迅速洗漱完毕，然后套上汗衫，赶往江边的酒坊上班。酒坊的开工时间是凌晨三点。

这少年叫王河川，那年 17 岁。

江边的风都带着热气，在青瓦出檐、粉墙穿斗的街头巷尾四处穿行。王河川的故事，就在这河川之间的江津白沙开始。

1973 年，王河川初中毕业，进入满是酒糟味的国营白沙酒厂，当了一名当地人俗称的“烤酒匠”。

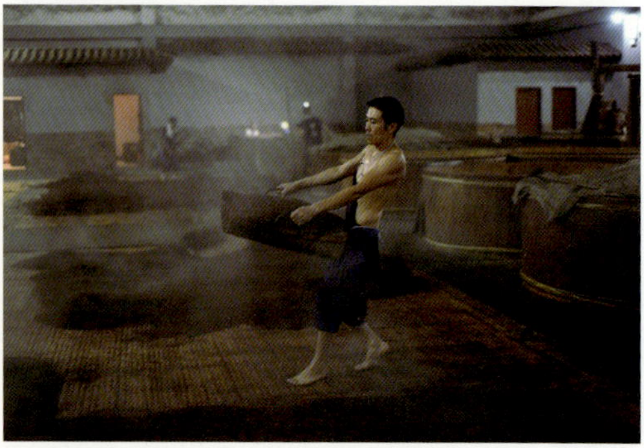

镇北长江奔涌；镇西驴溪河九曲回肠，在白沙码头汇入滚滚长江。这里历来就是南下云贵、西接泸宜的水陆码头，盐粮生货从长江运来，上岸用马驴驮走，赶往莽莽群山中的云贵。

有货主，有船工，有纤夫，有驮工……这些人都喜欢一样好东西——酒。

白沙滨江，水气湿热。行船沿水，寒冷相伴。靠了岸、定了锚，人们最想做的一件事，就是喝两碗辣到心窝子的烧酒，要的就是个燥热祛湿、辛辣上头，很爽的。为了他们，白沙自古出好酒。

驴溪河不长，四十来公里，从川渝交界处的一处森林岩缝中汩汩渗出，水质清冽，属矿物质含量极少的软水，好似贵州的赤水河一样，极适宜酿酒。

王河川的先辈们就从驴溪河中取水，以当地盛产的糯高粱蒸煮发酵，酿出一种粗豪简单却香气四溢的烧酒。你可以想象这样一个场景：油灯摇曳，船夫、水手围坐一堆，共干一碗驴溪老烧酒，喝完“啪”的一声将碗摔得粉碎，打雷似的爆出一声“好酒”，然后众兄弟风风火火闯九州……

这样的场景真实存在过。它最早出现在明朝嘉靖年间，至今已有四百多年。

到酒厂上班，王河川首先要学“灶上”。什么意思呢？就是下火塘烧火，蒸粮烤酒。烧火蒸粮一干就是三年，好，可以学做“厢上”了。

“厢上”是酿酒最关键的流程，包括泡粮、培菌、蒸粮、发酵、蒸馏等。好多“过经过脉”的诀窍，就藏在这个过程中。王河川说，“厢上”的功夫，主要靠意会。

王河川的师父叫韩占辉，这人从20世纪30年代起就在槽坊街上酿酒。

什么街？当时的酒坊为了便于取水酿酒，就陆续聚集在驴溪河畔，自发形成了一条绵延六百多米的街市，男女老少都习惯称之为“驴溪槽坊街”。这条老街最辉煌的时候曾有三百多家酒坊，商铺林立、酒旗飘展、人流熙攘、酒香缭绕。

韩师傅酿的酒，除了驴溪烧酒特有的醇香清雅、回甜净爽，似乎还多了几分说不出来的悠远余味。王河川认为，那是一种来自民国的味道。

得说说历史了。

江津白沙，是一座千年古镇，民居、洋楼、书院、会馆、寺庙、店铺一应俱全。1938 年重庆成为战时首都，国民政府的审计部、陆军第十六后方医院、国民党党史编撰委员会、中央图书馆、国立编译馆等机构迁建于此，加上川东师范、国立女子师范学院等一大批学校落脚白沙，给小镇带来了空前的繁华。

冯玉祥、宋美龄、陈立夫、于右任、郭沫若、黄炎培、梁漱溟等一大票名人大师，都在白沙驻足流连过。陈独秀这样特立独行的人物，更是驴溪烧酒的铁粉。

驴溪烧酒的味道里，必定沉淀着当年的人文气象。

王河川在“厢上”干了好几年，把酿酒最重要的“糖酸水温”研究清楚了，便一头扎进细菌群里去了。

没错，酿酒匠人最好的伙伴除了水、粮、时间，还有看不见的细菌。

驴溪烧酒是清香型小曲酒。小曲之曲，秘密就在于根霉菌与酵母菌。从明代迄今，驴溪烧酒的酒曲都是纯天然制取而来，没有任何添加剂。根霉菌与酵母菌无时无处不在，这哥儿俩是什么性格，让王河川抠起了脑袋。

原料粮粒中饱含淀粉，酿造的过程就是将淀粉转化为糖，再将糖转化为酒精。这其中，根霉菌主要扮演糖化剂的角色，不断产生糖化酶，将淀粉转化为糖；而酵母菌则负责将糖转化为酒精。

王河川在小曲块、糯高粱、木蒸甑之间反复穿梭，千百次观察环境温度对糖化发酵的影响，最终掌握了古法制曲发酵的关键技艺。比如说，为什么酒坊夏天总在凌晨三点上班？就是因为暑气太高，高粱会发酵过度，所以必须在凌晨时分气温相对较低时蒸粮烤酒，才能保证品质。

这些菌群都有鲜明个性。你给它们创造了好的环境，它们就会按你的要求工作，酿出有个性的烧酒。

换句话说，驴溪烧酒的酿造不是标准化生产，如果那样的话，生产出来的就是酒精，千篇一律。酒是有灵魂、有生命的，酿造过程就是它们生命活动的过程。生命如此丰富多彩，怎么可能规定标准呢。

所以说，你可以从驴溪烧酒里品出各种味道，有悲有喜、五味杂陈。

2002 年，王河川 46 岁，做了一件他至今都觉得开心的事。

他和酒厂的两个老伙计在白沙古镇合资建了自己的小酒坊，用最古老的技艺，酿造最纯正的驴溪烧酒。在他心里，“老味道”始终是挥之不去的一个情结。

老槽坊街烧酒“泡子香、点子香、线子香”，除了气候温度、曲菌独特，就是水好、粮好、工艺好了。水取自驴溪河，粮是渝黔山地土生的糯高粱，这是王河川特别得意的地方。他说，糯高粱产量少、价格贵，很少有人愿意用它酿酒。但糯高粱在酿造过程释中放出的独特香味，却是其他粮食无法企及的。

先用热水把糯高

王河川和烤酒匠人的这张合影，是不是让你有一种强烈的穿越感？

粱泡十多个小时，然后上甑初蒸 15 分钟，让高粱吸饱水分；焖水完毕把余水放掉，就开始复蒸，蒸煮一个小时，再放掉水，就可出甑摊晾了。

摊晾降温后，可以撒酒曲了。金黄的酒曲被均匀地撒在暗红的高粱堆上，开始长达二十多个小时的开放式培菌转化，肉眼完全看不见。王河川这时会一直在酒坊里转悠，伸手摸摸高粱的温度，低头闻闻酒糟酸香，一刻不停，生怕自己的孩子受委屈。

制曲结束，高粱被放入巨大的木桶，密封发酵 7 天。7 天后，炉火烧旺，酒气弥漫，便可蒸馏出酒。把冷却的酒蒸气凝结成酒液，提浓酒度、提渣留香后，上好的驴溪烧酒原酒便酿成了。

王河川执念于老味道，所以他必须坚守老方法。所有酿酒的器具都是传统的竹木石器。

摊晾是竹片床，蒸高粱是木甑，发酵是木桶。端酒糟的筲箕是竹编的，搅拌的手掀、耙梳、扯扯（搅拌工具）全是木制的。就连在酒窝子里出酒的牛尾巴（出酒接口），也是一根青翠的竹竿。

整个酒坊，你就找不到一样铁制、铝制、不锈钢制的器具。王河川说，原粮酒糟沾了金属，酒的味道就不好了。

在“美国终极烈酒挑战赛”上，驴溪烧酒和茅台、剑南春一起获得“最终决赛入围奖”。国外评审专家给出的评语中，有一段很“舌尖体”的话：

“新鲜苹果、淡枫糖浆和莲花的香气轻柔地交织在了一起，又有焦糖热带水果的味道与辛辣的泥土和干草的味道融合在一起的感觉，当触及了上颚（刺激味蕾），酒香味慢慢演变为精致的花香调，留下了持久的香味。”

这些充满大自然气息的文字，也许就源于王河川这种人的坚守。

用一位民俗专家的话来说，驴溪烧酒的酿造诀窍，就是“打死也不创新”。慢下来的不仅是时光，还有王河川平静的内心。44年就干酿酒这一件事，最后看到那么多人在喝自己的酒，王河川觉得，这就是他这辈子最牛的一件事。

酿好的驴溪烧酒，都会在陶缸中窖藏陈香三年，方才送到你面前。开坛刹那，酒香犹如河川奔涌。敬你，干。

重庆市级非物质文化遗产
来凤鱼传统烹饪技艺

传承人

龙大江

五十岁
从业三十四年

有凤来仪，猛龙过江

来凤鱼传统烹饪技艺

从前，要从重庆去往成都，璧山城外的来凤驿是必经之路。

行人商贾催生了来凤驿蓬勃的餐饮业。而在璧山这个稻田里养鱼的地方，各色各样的鱼儿，自然成了信手拈来的食材主角。终于有一天，“来凤鱼”闯进了舞台中央。

这可不只是一盘菜，而是川菜家族里一个庞大的鱼菜系列。如今已知的来凤鱼菜式，共有222种，而大多数食客寻常吃到的，左不过麻辣、泡椒等寥寥几道，直如沧海一粟。

在江湖菜的江湖里，谁体系全、个头大，那当然就是大佬。如果这大佬还出身早、故事多，那就不得了了，那就叫有文化了。

下面，有请有文化的龙头老大。

清圣祖康熙五十年，也就是1711年，皇上的第17个儿子家里换厨师了。这位十七阿哥，就是电视里那个跟嬛嬛纠缠不清的果郡王。那会儿他才14岁，还没有封号。不过这并不影响他的生活质量，例如在膳食方面，常年都有满汉厨子轮番伺候着，没有问题。

汉厨里有一位姓邓的大厨，籍贯四川璧山来凤驿。这位邓先生名字不详，但我们知道，他的拿手绝活是做鱼。

1711年的某一天，邓大厨自感力不从心，便请辞回乡。少年果郡王正在为担纲《甄嬛传》男二号日夜操练演技，顾不上挽留，手一挥："放尔去吧。"

不久后，来凤驿的官道旁悄悄多出了一家酒肆，招牌上四个大字：邓家鱼馆。

邓家鱼馆的主打菜是什么、经营状况如何，没人知道。原因很简单：在信史里，这位邓大厨并不是主角。

这部信史，名叫《双三娘鱼艺》，作者邓洪亨，道光年间璧山籍举人。他写于1831年的这本书，故事主要从乾隆初年说起：

回乡创业大约30年后，邓大厨把一身本事传给了侄女。这女子，人称"邓三娘"。

中国历史上能以"数字＋娘"名号行走江湖的女子，多是异人，例如公孙大娘、孙二娘、叶二娘、扈三娘、杜十娘等。来凤驿这位邓三娘，也是一位奇女子。且看她的手段：

三娘喜烹"群鲫过江""龙舟鱼"，善以双乌炸"双龙戏珠"，单乌炸"乌龙吐珠"，形色皆备极精工，肉皆酥香、脆美，渝、璧宾客叹赞云"妙绝冠世"。

邓三娘之后，又一位三娘拍马赶到，便是来凤驿上刘三娘。在《双三娘鱼艺》这本书里，如果说邓三娘是负责才艺展示，那么刘三娘就是负责数据说话了：

她烹制的来凤全鱼宴，共有六冷九热十五道鱼菜。

川渝地界上以地域命名的江湖菜，不知有几千几万种，然而能以确凿谱系直抵康熙年间这么久远的源头的，应该只有来凤鱼。

有人说来凤鱼是重庆江湖菜的鼻祖，这不算吹牛。

璧山文化界有一位老人，名叫邓启云，他写了一本书，总结了以来凤鱼为代表的重庆江湖菜特点，很有意思。比方说烹调手法，说穿了就是“五黑”：黑起放海椒，黑起放花椒，黑起放鸡精味精，黑起放油，黑起装大盘。

“黑起”，重庆话，约等于普通话的“使劲儿”，东北话的“可劲造”。

再比方说菜品观感，就是“土、粗、杂”三个字。土，乡土气息，麻辣鲜香表达得淋漓尽致；粗，粗犷豪放，五个“黑起”嘛；杂，兼收并蓄，动不动就是六冷九热各种鱼，让你惊掉下巴。

还有手法种类——全鱼、鱼块、鱼片、鱼丝、鱼丁、鱼丸、鱼糕、鱼面、鱼松。全鱼或鱼块里，又有红烧、干烧、软烧、酒烧、叉烧；鱼片里，又有麻辣、水煮、泡椒、爆炒、滑熘；鱼丸里，又有水煮、油炸、包心；鱼糕里，又有单色、双色、三色……

还有你看不到的，比如刀工。切，斩、批、削、片、旋、剜、砍、剁、剔、排、撬……差不多二十大类吧。光是“切”，还有直切、顺切、拉切、锯切；光是“片”，还有鱼鳃片、柳叶片、月牙片、凤眼片……

说不完的。能把两百多道来凤鱼菜式全玩转的，必定是人中龙凤。

然而，就算你是龙是凤，如果时代不给面子，你根本没机会展示，那又有何用呢？

来凤鱼从邓三娘身上分出了两条传承线索：一条是她老邓家，辗转传到了一个叫邓永泉的子孙手上，此时已是1949年，此人已是第九代传人；另一条是三娘的姻亲，嘉庆年间的来凤名厨龙国绥。龙家也一路传到了1949年前后，一个名叫龙朝富的子孙手上。

邓永泉、龙朝富，都一度在来凤镇上开过餐馆。老邓的当然还叫“邓家鱼馆”，老龙则起了个大气的名字：大江龙。

这是一块寄托了无限自信和希望的招牌。虽然很快就在公私合营的浪潮中消失了，但只要有机会，它就会复活。

1969年，龙朝富的第四个孩子出生了，是个男孩。明明前面已经有了三个孩子，有儿有女，可农民龙朝富偏偏就把心里藏着的那块招牌，赐给了新生的老四做名字：龙大江。

差不多也在那前后，邓永泉也收了一个徒弟，名叫邱国财。这人便成了邓家嫡传的第十代传人。

邓永泉、邱国财、龙朝富，不管手艺如何精湛，总归都只是乡厨。时代没有给他们太多机会。等到有机会时，他们却都老了，无力把来凤鱼推向更广阔的世界。

于是1969年出生的那个名字霸气的小男孩，成了他们共同的希望。

龙大江小学毕业就辍了学，主要原因是家里穷。辍学后他四处帮人搬砖扛活，挣到的微薄收入几乎全用来干一件事：看书。

对，看书，镇上每逢赶场就会摆出书摊，两分钱看一本，龙大江可以看上大半天。他喜欢看这样一些书：

大部头方面，有《三侠五义》《水浒传》《说岳全传》，后来还多了个金庸；小人书方面，常规书目则是《杨家将》《呼家将》等。总之主题就是四个字：打打杀杀。

这样的书看多了，龙大江便越发坚信自己是一个生错了时代的英雄，对这个世界有使命、有责任。

最能体现少年英雄意志品质的一件事，是解决小学文化程度与大量阅读之间的矛盾：

他随身揣着本袖珍版《新华字典》，遇到生字就查，到后来竟然成了习惯。小字典伴随他走南闯北，把他变成了认字行家，连生僻字也不在话下。

今天跟龙大江聊天，你会觉得此人肚里有货。那是当然，他现在还经常去大学听课呢，都是宏观经济形势之类高大上的课程。

你哪里知道，这都是从背字典那儿来的。

生在现代，仗剑行侠的职业已经消失了，想要合法地使用刀剑，想来想去，也就厨师这行最靠谱了。

16 岁那一年，龙大江下定决心要入行，然而老爸已无心无力开店了。要想学艺，平台很重要，必须有店、有一个常年操练的师傅。所以龙大江的拜师目标，锁定了早已熟识的一个乡邻长辈：邱国财。

奇女子邓三娘发端的两条脉络，并行三百年后，终于交织到了同一个人身上。

可是初入师父的店门，总要从打杂帮厨干起。三年多里，龙大江几乎尝遍了全世界的海椒、花椒、豆瓣，杀遍了来凤河乃至长江里常见的鱼。

夏练三伏，冬练三九，杀鱼小哥一步步地成长起来，慢慢学会了几十种刀工。而多达二十余种复合味型，例如麻辣、香辣、煳辣、酸辣、椒麻、咸鲜、糖醋等，也能一样一样收放自如了。

1996 年，龙大江外出闯荡数年后回乡创业，在璧山青龙湖开了自己的第一家鱼馆。他想也没想就挂出了一块招牌：大江龙。

以后不管再开多少家店，都叫这个名字吧。这可是“龙大江”这个人的来处与去处。

从古至今，来凤鱼的菜式数不胜数，但真能说清食材、做法的却没多少。比方说这道题你怎么破：乾隆年间刘三娘开创的六冷九热全鱼宴，到底是哪15道菜？怎么做的？今天还可以替换成多少个六冷九热？

龙大江先后摸索出了好几十种做法。但其中能讲清历史渊源的却寥寥可数，总感觉文化成色严重不足。

2011年，他偶然认识了邓启云。这老先生不是厨子，却是个文化型吃货，用了差不多半辈子来研究来凤鱼，居然整理出了一本迄今最全的鱼菜菜谱，有料得很。

厨师虚心求教，吃货吐血奉献，拿出了一份六冷九热二小吃的全鱼宴菜谱。龙大江带领手下一帮厨师长日夜研究、反复试菜，终于把菜谱变成了现实。

他带着这17道有故事的鱼菜，参加了那年的“第五届中国（重庆）美食节大赛”，扛回了一块沉甸甸的“中国名宴”奖牌。

摘录几道“中国名宴”的菜名，你们也感受一下。

凉菜方面，有个“浪里白条酥鲹”，典出梁山好汉张顺；还有个“名旦鱼凤丁”，源于抗战时期明星张瑞芳的喜好；“双三娘凉鱼丝”，这个不用多讲了吧？还有个“豉姜凤凰鱼”，名字是抗战时期国民政府主席林森给起的呢。

再看热菜。“古驿来凤麻辣鱼”，这是整桌全鱼宴的主菜，今天最常吃到的来凤鱼菜式，满满一大盘红白青绿，痛快之至；还有一道“蟠龙升天鱼卷”，椒盐味的炸鱼卷，外酥内嫩，据说源自宋光宗先封王、后受禅的掌故，居然演绎了“重庆”的来路。

龙大江从此认为，要把来凤鱼真正发扬光大，光埋头搞色香味什么的不行，终究得讲文化，既能传承，又能创新。

创新包含方方面面。从2018年起，龙大江决意在传统大店模式之外，再做一批社区餐饮小店，去主动迎合年轻消费群体的需求。

一家店不要动辄上千平方米，100～300平方米足够了；主打菜不超过三个，每个菜也不要动不动就是一大盘，你把分量减下来，价格也就下来了，更适合年轻人耍朋友、谈业务什么的，对吧？

菜式上也要继续创新。为什么不能把来凤鱼和璧山兔进一步融合呢？比方说搞个“鱼兔合璧”，把鱼头和兔头弄到一个煲仔里。担心岔味？好办，分别固形、锁味，再合到一起嘛。

文化不能光是讲菜，还必须贯穿一个厨子的一生。

龙大江麾下 11 家店，每家都有一个字的主题，例如“忠”“城”“孝”“仁”“义”“礼”“智”“信”等。

都是传统文化的硬核。来凤鱼不讲这些，该讲哪样？

每年，他开办的来凤鱼烹饪培训班一开学，第一课就是讲来历、讲文化。学员食宿一律免费，他们的校长账算得老精了：大家用最低成本获取来凤鱼的文化精髓，然后心甘情愿地帮他传播出去。

龙大江生意之外的精力，都花在了一件事上：做志愿者，关爱抗战老兵。

璧山是当年战时首都的后勤基地，抗战文化资源丰富，住着不少抗战老兵。2016 年起，他每年都要捐出至少十多万的钱物给老兵。只要听说哪个地方发现了重庆籍老兵的线索，他都会尽快赶过去，活要见人，死要见坟，说什么也不能空手回来。

这叫接老兵回家，送老兵归队。

小时候打打杀杀的书看多了，龙大江早把自己代入了进去，既然无缘为国拼杀，那就把一腔热血花在那些曾经为国拼杀过的人们身上吧。

1986 年的一个晚上，师父邱国财叫龙大江去师爷邓永泉那里拿两条鱼。客人等着菜上桌，偏偏邱家鱼馆没活鱼了，也没冰箱，急死人。

龙大江一溜小跑到了师爷店里，刚进门就差点撞到一个新来的服务员。那是个来凤驿上的小姑娘，眉清目秀、笑容可人。

龙大江红着脸拿鱼，心慌慌离去，从此再也忘不掉那张清秀的脸。那一年，他和她都是 16 岁。

6 年后，小姑娘成了龙大江的妻子，陪他走过了将近 30 年的风霜雪雨。今天，他和她常常想起初次见面的那个瞬间，彼此莞尔一笑，心头一甜。

有凤来仪，方有猛龙过江。人生若只如初见，该有多完美。

重庆市级非物质文化遗产
老腊肉制作工艺
传承人
赵孝春
七十七岁
从业五十年 全国劳动模范
CHONG QING BAOBEI

家在腊肉飘香处

老腊肉制作工艺

“你看，它们乖不乖？”

烘房里三层木架上，挂满了密密麻麻的腊肉。一块块腊肉金黄油亮，散发着沁脾的腊香。几段青冈木横在地上，灰白的余烬中闪着火星。

赵孝春蹲在地上，满脸慈爱，冒出这么一句话。

一个77岁的老人，本该庄严持重，张口就叫他的腊肉“乖乖”，这画风实在有点犀利。

就喜欢这么叫，不服你咬我？本来就是嘛，城口就是做腊肉的风水宝地啊，这里做出来的腊肉，那就是乖嘛。

城口，山高林密、古道挂壁、溪涧横流，平均海拔1000 ~ 2500米，年平均气温13.8℃。在重庆境内，这是个高冷的地方。

所以城口的猪长得慢，还得尽量运动，肉质与众不同。散养山间的猪群吃苞谷、洋芋、红薯，喝大巴山里的山泉水，加上漫山遍野的青冈木，还有祖辈相传的烘炕手艺，这样的腊肉还不乖，简直没有天理。

虽然猪们如此优秀，但在1978年以前的很多很多年，城口普通人却很少吃得上，没办法，太穷了。偶尔杀一头年猪，大伙都舍不得敞开吃，都想盘存下来慢慢享用，恨不能盘出包浆来。

于是，一头猪被条块分割，码盐码料，挂在火塘或灶台上，燃起柴火，慢慢消磨掉肉中的水分油脂……直到它们变成黝黑而奇香的老腊肉。

这是许多中国人熟悉的画面。

老腊肉能有多老呢？赵孝春曾在一个山民家里见过挂了三年的腊肉，全身布满绿霉，却照样吃得美滋滋的。

老腊肉的历史，可以追溯到2500年前。那时候孔子开补习班是要收费的，大家都知道，他不收现金，只收“束脩”。这个“脩”嘛，就是腊肉的祖先。

后来关于腊肉的记载就更多了。晋代葛洪的《抱朴子·安贫》、宋代杨万里的《七字长句敬饯提刑寺丞胡元之持节桂林》、五代王定保的《唐摭言·两监》、明代宋濂的《宁海林贞妇方氏墓志铭》……历朝历代的人都好这口，简直数不胜数。

赵孝春只晓得自家做腊肉的手艺是曾祖父传下来的，到他这儿是第四代，再往上就不清楚了。反正记住一条就好：腊肉的味道，是家的味道。

城口地处大巴山腹地，交通不便、闭塞落后。虽然山清水秀，反过来也可以叫山穷水恶。但就是这么一个地方，偏偏不缺文化的土壤。比方说，穿城而过的那条河，就叫仁河。这是汉江的一条支流，取自孔子“仁者爱人”之意。

再比方说赵孝春老家的小镇子，名叫修齐镇，源于《礼记》中的“修、齐、治、平”，沉甸甸的家国天下。

赵孝春只读了半年初中，就因为家庭出身原因被迫辍学。不过他知道，成天窝在山里种苞谷、刨洋芋吃不上饱饭，所以他主动出击去帮生产队搞副业，做瓦匠、做木匠、放木船、当医生、开酒坊油坊……

1978 年，生产队长赵孝春参与主持了本村的包产到户。到了 1979 年春节，村民们多年来头一回吃上了干饭、杀了年猪，家家户户都请他去喝感谢酒。赵队长从初一喝到十五都排不过来，只好把一天一两台改为三四台，方才满足了群众需求。

这个春节影响了他的后半生。因为他开始认真思考了：要让家里一直这样有酒喝、有肉吃、有欢声笑语和幸福的烦恼，到底该怎样去奋斗呢？

显然，种地不是选项。金钥匙一定挂在城口的土特产——二师兄脖子上。

猪养多了，问题来了。

1994 年，赵孝春养了几百头猪，本以为可以稳赚一笔，不料当年猪价大跌，每斤毛猪卖价才 1.22 元，喂猪的玉米每斤都要 0.82 元。

赵孝春舍不得亏本卖，一气之下把猪杀了，做了四千多斤腊肉，全挂到房梁上，准备留给自家人慢慢吃，吃不完就送给村里人吃。

第二年，山崖上杜鹃花开得像火的时候，有一行人突然造访赵家。原来是万县的一位领导来城口参加一个开工仪式，中午没地方吃饭，就想到当地人家里讨一顿便饭吃。

赵孝春来不及准备，匆匆忙忙把挂在梁上的老腊肉取下来洗净、切成坨坨，用铁罐加上当地的风干洋芋炖了一罐，又去菜地里摘了几棵青菜来炒。铁罐腊肉还没炖好，香气便四处飘散，领导闻着味就冲进了厨房，揭开铁罐一闻，口水都要流下来了。

临走，领导想买几块老腊肉。赵孝春连连摆手："买啥子哦，这个腊肉我家多得很，你们喜欢吃，就送几块给你们吧。"

几天后，一个陌生人骑着自行车来到赵孝春家："能不能把你家的老腊肉全运到万县去？有人想买。对，全部。"

几千斤哦，你确定不是特地来消遣洒家的？反复追问下，来人才吐露实情：“就是上次那位领导，帮你联系好了买家，就等你去呢！”

赵孝春这下兴奋了。他请人编了好多装肉的大竹篓，又雇了货车，花了整整三天时间才把腊肉运到了万县。结果，三千多斤腊肉很快就被各个单位分光了。

抱着五六万块卖肉钱，赵孝春的心跳得厉害，几天都缓不过劲来。他特意去买了一个帆布挎包装钱，又买了两把菜刀防身，坐着长途汽车，担惊受怕地回了家。

一进家门，赵孝春对家里人只说了一句话：“养猪，做老腊肉！”

1996 年，赵孝春拉着 5 吨老腊肉出现在重庆石桥铺。他花了一千多元租下了两个摊位，豪气得很。

市场里的同行都很惊讶：城口呀？好远哟，听说那地方晚上还有老虎出来逛街……这可能是那时候重庆人对城口的唯一印象了。赵孝春这个城口人想在盛产腊肉的重庆城拼出个局面，真有点像虎口夺食。

然而，第二天他的摊位前就排起了长队。四天内上万斤肉卖光光，城口老腊肉就此一炮打响。

事隔二十多年，赵孝春总觉得那个梦幻般的开局有特殊原因：老腊肉的味道，能勾起重庆人对家的依恋。仅此而已。

从二十多岁跟着父母打下手算起，赵孝春做了五十多年腊肉。你问他城口老腊肉的技术特点，他张口就来，就跟讲自家孩子一样，熟悉得不需要过脑子。

比如，生猪肉必须先冷却，多数人都不懂吧？须知，一斤猪肉自带二两水，只有充分冷却才能去掉这些水分。要是有丁点儿残留，烘烤时外皮一锁，水分出不来，腊肉很快就会变质；而味料也进不去，这肉就白做了。

再说烘烤。一般腊肉都是熏烤，烧柏枝来增香。柏枝不仅会产生大量浓烟，让腊肉附着呛人的烟气，还会产生多种有害物质，弊端实在太多。

而城口老腊肉只能烘烤，而且不用柏枝，只用大巴山里的青冈木、九把香等硬杂木，木质紧密细致，产生的烟雾很少。烘烤的温度都控制在300℃以下，确保油脂不析出；而油脂只要不接触木炭，就能避免产生有害物质。

烘烤，的确是城口老腊肉的关键所在。赵孝春做腊肉要用 20 间烘房，细细地烘烤 30 ～ 40 天。

其间，赵孝春会反复巡视每间烘房，看青冈木的火星是否正常，看腊肉渐变成金黄色的过程是否顺利。一旦发现问题，就得马上调整温度或者腊肉的吊挂位置。

这时候，他就像一个子女众多的家长，每晚睡前都要反复巡视每个孩子的床铺，看他们睡得乖不乖、好不好。古人这个“家”字造得实在太妙了：除了屋顶，还得有猪——就是那些乖孩子一样的腊肉。

有屋，有人，有酒，有肉。我们顶风冒雪、奔波劳累，不都是为了这样一个家么。

烘烤好的腊肉正在烧皮。
金黄浓香的城口老腊肉，就是一把打开家门的钥匙。
人们奔波辛劳、顶风冒雨，
就是为了推开家门的那一个瞬间：灯光温暖、欢声笑语。

重庆市级非物质文化遗产
开县『冰薄月饼』传统制作技艺
传承人
周礼芳
八十岁
月饼做了六十七年

开县周氏冰薄月饼第六代传人
周远君
四十三岁
周礼芳女儿

透过月饼看月光

开县『冰薄月饼』传统制作技艺

天色渐暗，开县临江镇德昌隆斋铺的号灯被取下，喧闹了一天的铺子安静了下来。

一个瘦小的孩子开始关铺门。一块块长两米多、宽 20 厘米的木门板，孩子吃力地抱在怀中，拖到门口插入凹槽。壹、贰、叁、肆、伍、陆……二十多块门板上都编有号码，插错一块，这店门就关不上。

孩子的小脸憋得通红，师父却嫌他动作慢，抬手就打：“没吃饭吗？没把子力气以后哪个做冰薄？”

13 岁的周礼芳咬紧牙关，继续用力。这时候他刚刚成为学徒，只知道师父说怎样就怎样。他不会想到在今后的六十多年漫长人生里，那个叫作“冰薄”的东西会如影随形，成为他生命的主题。

开县的冰薄月饼，是德昌隆的主打产品。这个斋铺，是周礼芳家族的产业。

经过上百年传承，到民国时期，周家在临江镇上已拥有 4 个门店。每逢中秋前夕，大队的骡马和挑夫便络绎不绝，东去武汉，西往成都，把德昌隆的冰薄月饼送到四面八方。

这月饼卖相粗糙简单，到底好在哪里？

拿起一块冰薄月饼，在手上停留一会儿，它自己会慢慢地断裂，不知道有多酥软。如果你用它对着月亮，便会隐约地透过皎白月光，不知道有多细薄。

周礼芳的师父姓吴，做了一辈子冰薄月饼。他对徒弟要求极严，再小的事情出了差错，他手上的小竹棍便会狠狠地抽过来。

比如打麻，这道工序是给月饼两面粘上香香的白芝麻。怎么练呢？一个大簸箕，里面放 9 只土碗，学徒双手端起簸箕，先摇晃筛动，突然双手用力一振，9 只土碗齐齐抛上，在空中翻身转体，最后落回到簸箕中。

要求：9 只土碗全部倒扣在簸箕上，而且土碗的碗沿不得发生磕碰，队形保持一致。

光这个打麻，周礼芳就练了整整两年。摔碎磕坏了多少土碗，他已不记得了。

周家这款冰薄月饼，又是从何而来呢？

第一次看到这月饼的人会说，嗨，不就是一块麻饼吗？对，从外观来看，它也可以这么叫。但是，这种全身粘满芝麻、厚度只有5毫米的饼子，却是中国月饼最初的模样。

月饼的文字记载出现在唐朝，那时候它就是全身裹满芝麻的面饼，叫作“胡麻饼”。唐代僧人慧琳说：“烧饼、胡饼等皆为胡食，盖自西域胡人传入。”白居易还专门写了一首诗表扬胡麻饼：

胡麻饼样学京都，面脆油香新出炉。寄与饥馋杨大使，尝看得似辅兴无。

历经宋、元、明、清四朝演变，唐代胡麻饼渐渐成了人们祭月拜月、期盼团圆的必备之物，改名叫了月饼。

中国的月饼流派极多，广式、京式、苏式、潮式、滇式……很多月饼在与当地文化、物产、环境融合后，都变得极为精致美观。所以仍坚持用芝麻裹身的，越来越少见。

但衢式月饼是一个例外。它至今仍然保留着原始月饼的基本特点：冰薄当道、芝麻当家。唐德宗贞元四年（788），17岁的白居易跟随老爸白季庚到衢州当官时，就曾写诗记载衢州麻饼的香酥可口。

衢州地处浙江山区，十分贫瘠，但偏偏就孕育出了香甜的衢式月饼。

到了明末清初，江南十余省份都参与到了湖广填四川的浩大迁徙中，浙江衢州自不例外。衢州月饼，应该就在这时被百姓打到了包袱中，跋山涉水来到了四川开县，也就是今天的重庆开州。

周礼芳和他女儿周远君认为，冰薄月饼来自开县本土。

明末时，张献忠率军路经临江镇，正值中秋时节，临江中正街上“天记”糕点铺掌柜周和天为了劳军，专门改良出了一批皮薄馅多、方便运输的冰薄月饼。

但是，周和天的冰薄月饼不可能凭空迅速研发出来。在此之前，它一定已是一款成熟的产品，临江镇很可能并不是发源地。这样的例证极多，比如榕江寨蒿月饼、大理簸箕月饼等，大多是民众迁徙过程中落地生根的结果。它们共同勾勒出了一条衢式月饼原始的迁徙地图。

20 世纪 50 年代，德昌隆斋铺公私合营后，周礼芳成了当地供销社酱园厂的负责人，还是做自己家的冰薄月饼。遇到月饼生产旺季，每天凌晨 4 点就起床劳作，半夜 12 点后才能休息，有时还要自己挑担子，走 90 里山路到万州去送饼。

长期半蹲半弯的躬身劳作，让周礼芳的腰椎、颈椎备受挤压，经常疼痛难忍。1982 年，周礼芳的妻子去世，留下 5 个儿女，周礼芳独力拉扯着 5 个孩子。这期间有不少老板看中他的手艺，高薪请他去做月饼，周礼芳实在放不下 5 个没了母亲的孩子，一一婉拒。

就这样，熬到了孩子长大成人。2000 年，大女儿周远君决定接过周氏冰薄月饼制作的大旗，拜父亲为师，学制饼手艺。周远君后来发现，这个决定相当英明，而且幸运。

五年后，周礼芳不慎摔伤，在重症监护室昏迷了七天七夜才苏醒过来。现在他只能坐在轮椅上，语言表达困难，还有严重的糖尿病。

如果女儿这时候才想通、愿意学，父亲也无法教她了。这样的话，传承数百年的开县周家冰薄月饼，岂不是要断在她的手上？

这么多年下来，冰薄月饼依然是古法制作，没有花哨的外观，也没有炫目的包装，但它依然香酥软糯、薄可透光。人们对土土的开县冰薄月饼念念不忘，除了欣赏它的美味，或许还有一种难言的感觉在其中。

这种感觉千百年来从未改变——我们繁衍生息，抑或颠沛流离，天上的月亮始终相依相伴、不离不弃，指引着家与亲人的方向。这时候如果手上的干粮正是一块冰薄月饼，你能说说心里的感受吗？

举起月饼，透过月光，看到乡愁。哦，我们的来处在那里。

重庆市级非物质文化遗产
南门红糖古法熬制技艺
传承人
黎方准
七十岁
从业五十年

CHONG QING BAOBEI

黎叔若生气，后果很严重

南门红糖古法熬制技艺

冬至，浦里河两岸笼罩在雾气里，一人多高的甘蔗一眼望不到边。蔗田边的糖坊里，烟囱吐出白烟，今年的第一锅土方红糖汁出锅了。

黎方准眯缝着眼睛，仔细观察着土纸糖盒里急速冷却的红糖，用手指轻轻掰下一小块放到嘴里。“嗯，可以了。”

师傅们听到这话，顿时轻松下来。这是红糖质量过关的评语，今年糖坊要熬制的几十万斤红糖，终于可以按这第一锅的标准开工了。

黎方准是南门土方红糖糖坊的坊主，他的话，就是整个南门红糖的标准。刚才他若是不高兴，那就还得熬第二锅、第三锅，直到他老人家满意了才能开工。

多耗费的材料、人工都不说了，耽误了时间，谁敢负责？

黎方准 70 岁，朴实强健，认识他的人喜欢叫他黎叔。

黎叔的红糖手艺，是爷爷和爸爸教的。小时候，他喜欢天天泡在糖坊里看做糖，看成捆的甘蔗被放到巨大的石碾上，看两头牛拉动沉重的石碾转圈，甘蔗汁就从石碾上流淌出来，很好看。

甘蔗汁沉淀打沫去除杂质后，又被舀进石锅，熬成黏稠闪亮的糖汁。糖汁被舀入纸盒冷却时，黎方准和小伙伴们会趁大人不注意，偷偷掰下一块就往嘴里塞。

真是从小生活在蜜罐里的穷小子，呵呵。

成年后，黎方准先去了县里糖酒公司上班，专门负责收购红糖。那是 20 世纪 70 年代，糖酒公司每年都要收购大量红糖。南门、澄江、花岭……全县各乡各镇，每年经黎方准手收上来的糖怎么也有上百万斤。红糖的质量、等级、价值，他看一眼、闻一下，心里明镜似的。

红糖发黑，肯定是熬制时间过长；颜色偏淡，必定是熬制温度不够；手捻有凹凸，很可能红糖杂质含量高；糖块硬度不够，嗯，这可能是连环锅设置少了……

别人学艺，都是从基础起步，一级一级打怪通关。这黎叔做红糖，却是先从掌控标准开始。难怪，他这辈子老是让身边做事的师傅们紧张。

虽然长大后没有第一时间进糖坊工作，但黎叔从小就学熬糖，学得还很苦。

十多岁的小孩子，四五十斤重而且滚烫的红糖铁锅根本端不起来，只好连腿也使上，双手搬锅，再用双腿抵住铁锅借力，才能勉强把糖汁从锅里倒进冷却盒。每次做完这个动作，他的大腿都被烫得皮开肉绽、一片血泡。

没有人在意这个。黎方准只有忍住眼泪，用麻布简单包扎一下伤处，又去端下一口铁锅。

榨汁、沉淀、烧煮、捞糖沫、转锅、熬糖、煎糖、候糖、冷铲、成型，

总共十多道工序，道道都不轻松，你很难想象一个孩子是怎么闯过来的。

1982 年，黎方准在南门芙蓉村连绵数十里的甘蔗园边，开了自己的第一座糖坊。开州南门红糖自古勃发的枝叶，又开出了一朵小花。

中国人制糖的历史源远流长，但直到唐初，在技术上还落后印度很多。于是唐太宗派人去印度学习交流，改良提升了制糖技术，很快便超过了印度，所谓“色味逾西域远甚”。

取法印度的成果之一，就是学会了做红砂糖，也就是红糖。黎叔和同伴们至今沿用着唐人熬制红糖的技术。

红糖的核心原料自然是甘蔗。自古以来，两广地区因气候温润而盛产甘蔗，祖先千辛万苦取来的真经，首先在这里落地开花。

又到了“湖广填四川”的时间。世居岭南的黎家祖辈们妇孺相携、千里跋涉而来，在五花八门的包袱、担子里，你会看到很多株翠绿的甘蔗苗。队伍行进到四川开县南门浦里河畔时，族中长老望着清冽的河水与平坦的土地，再抬头看看日照、风向，感受了一下体感温度，便决定在此落户。

于是茅棚搭起，炊烟升起，浦里河两岸的冲积型土壤成了甘蔗苗的新家。

浦里河，区区百余公里长，眨眼就流入小江汇进长江。它奔流在开县这个山间盆地里，盆地周边山地阻隔，寒潮不易入侵，气温比同纬度、同海拔地区略高，雨量充沛，特别适合甘蔗生长。

几百年过去了，浦里河两岸青皮甘蔗连绵不绝，终达万亩以上。

制作南门红糖所用的青皮甘蔗，含糖量高，还自带清香。而用黎叔的标准来看，好红糖除了得有独特的沙甜，还得要甜中带香。光甜不香，不是好糖。

黎叔的糖坊按古法设计，除了榨汁要用到机械外，其余环节全部手工完成。这中间最有意思的是直风枪灶和它上面的8口连环锅。

直枪灶连环锅

直风枪灶，就是在地下开挖出一条大沟，沟口是巨大的灶膛，然后沿沟设计出8个锅台，上面放置8口特制铁锅，沟尾处则设置烟道直通烟囱。

这个直风枪灶就像是一支老枪，枪膛开了若干口子，枪口则是烟囱。接下来连环锅也就好理解了：8口铁锅放置在枪灶的8个锅台上，只要灶口一加煤或加柴燃烧，火苗热量就会顺着枪灶下的沟道，依次从一号锅走到八号锅，最后热量烟雾从烟囱排出。

从一号锅到八号锅，每口锅所接受的热量是递减的。这样的设计，是基于古法红糖熬制的要求。

压榨好的甘蔗汁首先流入一个大池中沉淀，由师傅舀去泡沫杂质，然后依序被师傅们舀入一号锅至八号锅。初时甘蔗汁水分重，所以前面的锅

火大温高，尽快蒸发掉多余的水分，然后依次进入二号锅、三号锅、四号锅……每一口铁锅中甘蔗汁的黏稠度不一样，越到后面的锅，甘蔗汁的黏稠度就越高。

到八号锅时，甘蔗汁已经处于半凝固状态，红亮袭人，粘在铁铲上的汁液都黏糊糊的。

这时黎叔会仔细观察糖汁吐泡翻滚的状态，一旦时机到了，他会大喊一声：“起锅！”听到这声号令，你要是动作慢了，后果真的很严重。

于是半秒也不敢耽搁，滚烫的红糖汁会被极速倒进地上的两口大铁锅中，手持长长铁铲的师傅立即翻动半凝的红糖汁，开始红糖冷却成型前的最后一道工序——打铲。

从甘蔗汁到半凝的红糖汁，是做一块好红糖的关键时刻，必须不停地搅拌、打沙，这就叫打铲。打铲既能让红糖汁内部结构均匀细嫩，又可以加快糖汁冷却速度。搅拌手法的力度、精准度，都直接关系到红糖的口感。如果打不好，红糖冷凝后可能软硬不一，会很难吃。

黎叔打铲的手法，自然是极好的，浑厚有力且精准细腻，每一滴糖汁都会被妥帖地按摩到，仿佛在雕刻一件艺术品。几十分钟不停顿地打下来，全身冒汗。当年学这个可苦了：红糖汁这么稠，搅起来很费力的，而起锅温度又必须在125℃，经常被烫得起泡……

你问：黎叔黎叔，南门红糖到底好在哪里？黎叔答：甘蔗好、技术好呗。哦，还有全天然、零添加，用科学术语讲，就是全程物理制作。物理，你懂吧？

懂的，物理就是人生的基本道理：不经历风雨，怎么见彩虹？不先吃苦头，怎能尝到甜头？

黎叔熬了50年红糖，很快就熬不动了。在外地打工的小儿子今年会回来，进糖坊学习南门红糖传统制作技艺。

再不回来，黎叔真生气了。你看浦里河边那些青皮甘蔗，这一茬收割完了，就会有下一茬顶上来。甘蔗如此，人何以堪？

重庆市级非物质文化遗产

太安鱼烹饪技艺

传承人

郑长春

五十五岁

从业三十年

CHONG QING BAOBEI

鱼，我所欲也

太安鱼烹饪技艺

CHONGQING BAOBEI MEISHI

20 世纪 80 年代初，重庆市潼南区太安镇，那会儿还叫太安乡，出现了改革开放后第一批私人饭馆。这里紧邻省道，每天奔走于川渝之间的货车司机们，就是饭馆的大客户。

一个姓李的饭馆老板请了一个年近七旬的当地老农当主厨。老是老了点儿，可是，你们并不知道老头的来历。

人家民国十几年就入行学艺，抗战后还在重庆的大馆子主过厨，见过大世面，一手川菜功夫简直没话说。虽然三十来年没操练了，但厨师这行，经验就是硬道理。

老将一出手，就知有没有。他不但手艺过硬，还创出了一道新菜。虽然暂时没菜名儿，但过往的货车司机们很快用口碑给它命了名：

那家的“坨坨鱼”，真的黑巴适。

对，黑形象，这道菜就是宰成一坨一坨的草鱼或鲤鱼。

老英雄的做法很特别：鱼切块，码盐、上料酒，紧接着勾芡。用红薯淀粉，从里到外勾匀了、码厚实了，不留死角。接着倒入锅中用热油冲炸，见每一块鱼肉都呈二面金黄之色，便捞起备用。

然后，从容翻炒豆瓣和泡姜、泡萝卜、泡海椒等。待色香四溢时加水熬汤，汤煮开后倒入鱼块，旋即改用小火煨制。10 ~ 15 分钟后，来一波大火收汁，投入葱段等辅料，就可上桌了。

这样一盘鱼块，汤汁浓稠，用筷子都能拈成线；鱼块包裹在金黄色的汁液里，看上去颇像酥肉，香入心脾。夹起一块送进嘴里，酥脆的外皮一触即溃，鲜嫩的鱼肉破壳而出，麻辣鲜香、层次丰富，爽到要飞起来。

司机们很快记住了老英雄的大名：郑海清，太安乡罐坝村人氏。

郑海清这大招，憋了三十多年。

川菜里不乏以鱼为主题的江湖菜，食客评判好坏的标准一般就两条：一是能否压得住鱼腥味；二是能否保持鱼肉鲜嫩。

解决腥味除了盐和料酒，川菜高手都会用到独门秘制的泡菜；而保持嫩度呢，就全看选材和火候功力了。

对郑海清来说，泡菜不是问题。潼南嘛，自古就是蔬菜的天堂，尤其是太安罐坝这地方，涪江的支流——琼江三面环抱，水土怡人，从不缺优质萝卜等原料，很多人家都腌得一手好泡菜。

嫩度就难说了，全看大厨心情。有没有办法来加一道保险呢？郑海清想到了勾芡 + 油炸。但他有机会付诸实践并大获成功，却是在三十多年后，年轻大厨已垂垂老矣、时日无多。

他拍拍刚进店来帮厨的小儿子的肩膀，说：“好好学，将来你能靠这个安身立命。”

小儿子名叫郑长春，那会儿才十八九岁。他进饭馆完全是迫于无奈——谁叫那年高考一脚踩空了呢？

虽然落榜了，但眼下不是改革开放了吗？“那我想进城去当工人，有错吗？”“孩子，你没错，但外面的世界很无奈。留下吧，把我的手艺学过去，再出去闯也不迟。”

家里 10 个兄弟姊妹，哥哥姐姐们都已各自成家，郑长春这个老幺要是执意跑了，老父老母就该孤独终老了。没办法，他听了老爹的话，在最好的年华进了最不想进的餐饮界。

老爹很看重自己这道“坨坨鱼”，因为从前没人这样做过，而他成功了，一道新的江湖菜在太安这个小地方诞生了。他迫切希望小儿子能尽快学过去。

太安鱼并不存在太高的技术门槛，郑长春秒懂其中门道：

油炸，是为了锁住鱼肉里的天然水分，这是保持鲜嫩度的关键所在。不炸就下锅煮的话，水分很快会跑掉，鱼肉要么又松又散，要么又老又硬。

既然要油炸，就只有足够的淀粉才能保护鲜嫩的鱼肉。粉少不得，少了就没用；但也多不得，一多就真炸成酥肉了，不是我们想要的效果。油温也很重要。低了，“二面黄”效果迟迟出不来，鱼肉却悄悄被煎熟了，那就要不得了；高了，就成炝炒节奏了，鱼一下锅就完蛋。

冲炸的目的，不是为了把鱼炸熟，而是要让芡粉与肉刚刚好结合，达到一个最佳锁水点。所以油温是 100℃还是 120℃，只能靠大厨一次次地尝试，在脑子里形成天然的刻度。

后面主要就看泡菜了。老家的原材料已经够好了，再选个好坛子，用井水泡上半年，开坛一尝，微酸、微辣、咸中回甜、满口生鲜，就成了。

道理好懂，可郑长春却操练了一年多才出师。1986年，父子俩在太安乡场上开了自家的餐馆。这可是父亲最大的梦想，在他接近生命终点的时候，终于实现了。

1989年，郑海清去世了。太安很多餐馆都已挂出了“坨坨鱼”的招牌，可谓遍地开花。这道菜终于有了一个正式的名字：太安鱼。

20世纪90年代中期的某一天，郑长春关掉了饭馆，汇入了浩浩荡荡的外出打工大军。是时候出去闯一闯了，不然这辈子会有遗憾。

他在北京和成都的川菜馆当了十多年主厨，招牌菜当然是家传的太安鱼。在天南海北各色刁钻食客手里滚过一遭，郑长春不再是当年那个随性的乡厨，他逐渐树立了行业标准。

拿最简单的选材来说吧。他只用花鲢，实在没有也要用白鲢。草鱼肉质太粗，鲤鱼味腥且多刺，如何配得上太安鱼以鲜嫩为本的调性呢？

在父亲的时代，常用乡间土鲤鱼甚至小鲫壳烹鱼。如今时代不同了，人们的要求更高了。厨子嘛，终究是要为人服务的，对吧？

2010年，厨子郑长春做出了一个重大转型决定：竞选罐坝村村主任。

老爹虽然有梦想，但也只是凭手艺扬名立万、造福家族而已。儿子的格局可高多了：光会做鱼算什么，我还能把全村都做起来，让全村人都发家致富。这才叫本事，才叫为人服务。

他如愿当选了。干了三年村主任后，又当上了村支书，一直干到了现在。

在当选村主任的时候，郑长春想过可能要把自己的手艺和生意暂时放一放。可没想到，这一放就放到了现在。

8年多过去了，当他真把全村老少爷们带上了脱贫致富之路，回头一看才发现差点儿忘了一件事：哦，原来我还会做太安鱼啊。

今天，你如果想来一次周末自驾游，可以考虑距重庆主城区 110 公里的罐坝村，单程一个半小时，不算累。

走到村口，你可能会以为来到了一个旅游景区的大门口。公路与民宿参差错落，蓝天白云下，绿树村边合，青山郭外斜。

如果郑长春有空，一定会开着自己那辆白色长安车给你当向导，带你去参观村里的蔬菜博览园和农业科技展览馆。都很科幻酷炫，像两个巨大的玻璃屋，恒温 25℃，栽满了奇花异果。

然后他会带你去吃鱼。村里有七八家太安鱼主题的农家乐，随便哪家都一样。要他亲手做可能没时间，不过放心，好多厨师都得了他的真传，味道错不了。

吃完饭，他会带你去参观居民小区。对，村民们居住的小区，是清一色的联排别墅。鱼可劲儿地钓，菜、葡萄可劲儿地摘。来都来了，怎么能空手而归？

想多了。郑书记可没这么闲。他这几年的状态就两个字：焦虑。

他刚当选的时候感到焦虑，是因为罐坝村实在太穷了，一条像样的路都没有。好吧，先修路。

路通了还是焦虑。年轻人都出去打工了，留守的老弱病残幼们没有收入来源，看不到脱贫希望。好吧，搞土地流转，招商引资，把企业引进来，就好办了。

前前后后来了十多家企业，蔬菜基地也搞起来了，村里人只要想干活，一天起码能挣 50 块。全村人均收入从几千块涨到了一万四千多，按理说可以了吧？他还是焦虑——

这家的安置房水电气不通了，他就得屁颠颠地去跑。那家对新修的市政设施有意见了，他又得赶紧去现场协调。村民们拉他去喝酒，他不敢去，怕挨举报；村民们指着鼻子骂他，他不敢对骂，还是怕挨举报。

如今他更焦虑了。虽然乡村观光旅游农业这条路算是走通了，但太安鱼这块金字招牌却一直没用好。岂止没用好，连“太安鱼”仨字都被四川那边的人给抢注了商标，简直糟透了。

郑长春一直想做一件事：把罐坝村做成一个展示和体验太安鱼文化的窗口。

只有这样，他的人生才不会被分裂成“厨子”和“村干部”这截然不同的两部分，他才会觉得既对得起父亲，又对得起乡亲。

所谓“不负如来不负卿”，就是这意思吧。

然而事情实在是太多了，他老顾不上这块儿。他曾经想把自家的太安鱼农家乐恢复起来，起到一个带动作用；地方都选好了，可事到临头又犹豫不决：

鱼，是我想做的，可村里那些事儿，也是我想做的。二者不可得兼，到底该舍哪头、取哪头呢？

重庆市级非物质文化遗产
合川桃片传统制作技艺

传承人

余晓华

六十七岁

学艺四十年 从业二十年

合川一家人

合川桃片传统制作技艺

6 月底，合川已经很热了。为了表演“蒙眼切桃片”的绝活，余晓华特意穿上了一件缎面唐装，双眼蒙上了一块红绸。这套行头，曾跟着他上过董卿主持的央视节目，博了个满堂彩。

然而那是几年前的事了。在比室外还要闷热的制作车间里，67 岁的老余才切了一小会儿工夫，就有些受不了。细汗布满他的面颊，呼吸也变得急促起来。

摄影师拍完一张，自顾自地看效果，忘了时间。老余左手按着一整块桃片炖糕，右手握着锋利的桃片刀，坚守在黑暗里，一句话不说。他的身子可能因为头晕而微微晃动，马上又挺直，似乎在跟谁较劲，看哪个先倒下。

真是个犟老头，发起狠来不管不顾。

名副其实的合川，聚合了嘉陵江、涪江、渠江这三条大川。川流不息，不舍昼夜，为这座小城提供着丰饶的水源养分以及温润的气候环境。

在中国历史尤其是宋元史上，小小的合川之所以能前排就座，当然是因为那里有个钓鱼城。古往今来，人们为研究这个改变世界历史的小地方抠破了脑袋——为什么这么少的人、这么小一座城，能把蒙古铁骑生生耗了 36 年？

反正，生活在这片土地上的人，都是“狠角色”，发起“狠”来不管不顾。

当然，再狠的人如果不让他吃饱，那也撑不了几个时辰啊。于是合川的又一个特点出现了：在这个天府之城、鱼米之乡，盛产上好的糯米、上好的核桃、上好的玫瑰。

1895 年，在合川最热闹的梓桥街上出现了一家叫作“祥云斋”的糕饼铺。它售卖的货品里，主打精心包装的桃片。这是一种用糯米与核桃打磨黏合而成的小食品，初来乍到，尚无名气。

戊戌变法前的某一天，合川籍举人张森楷提着几包桃片去往京师，想请老师康有为指点一下他的新书《华夏史要》。康有为边看稿子，边伸手去抓学生带来的小零嘴儿。送进嘴里嚼了几下，他放下书稿，一脸的惊吓：怎会如此美味？难道是稻香村新出的稀罕货不成？

你的味蕾，跟康有为的完全一样。一片薄薄的桃片捏在你手上，必定是色泽洁白、香糯绵软，绕指而不断，入口即化渣。

1898 年的某一天，梓桥街上又开了一家糕饼铺，起了一个格局很大的名字——同国福，老板叫蒋盛文。两年后，蒋老板跟街上一家棉花铺的老板开始合伙经营，为了转运，他俩把店名从“同国福”改成了“同德福”。

那位弹棉花出身的跨界选手，名叫余洪春。

余洪春大约在1915年去世，留下遗孀和5个孩子，艰难度日。16岁的长子主动提出去同德福当学徒，先减轻家里负担，等出师挣钱后，就能供养全家人了。

这个懂事的孩子，名叫余复光。记住这个名字，如果没有他，合川桃片就很可能长期停留在19世纪末的水平。

那么，余复光当学徒时的合川桃片，究竟是怎么做的呢？简单，就几步而已：制糖，制糯米粉，糖粉擀制混合；制核桃心料；糖粉+心料加热成炖糕；切片；烤制。搞定。

中国文化里很多手艺都一样，翻来覆去就那么几招，然而每一招里不是藏着八八六十四，就是掖着九九八十一，你要想学成，往往得耗掉半辈子。

就拿门槛最低的切片来说吧。一块大约一斤重的炖糕，按余复光的标准，最少要切250片桃片出来，每一片的厚度都得在一毫米左右。凭你那点做家常菜的刀工，可以吗？

犟老头余晓华切了二十来年，终于可以了。哦对，忘了介绍——余复光，就是余晓华的爷爷。

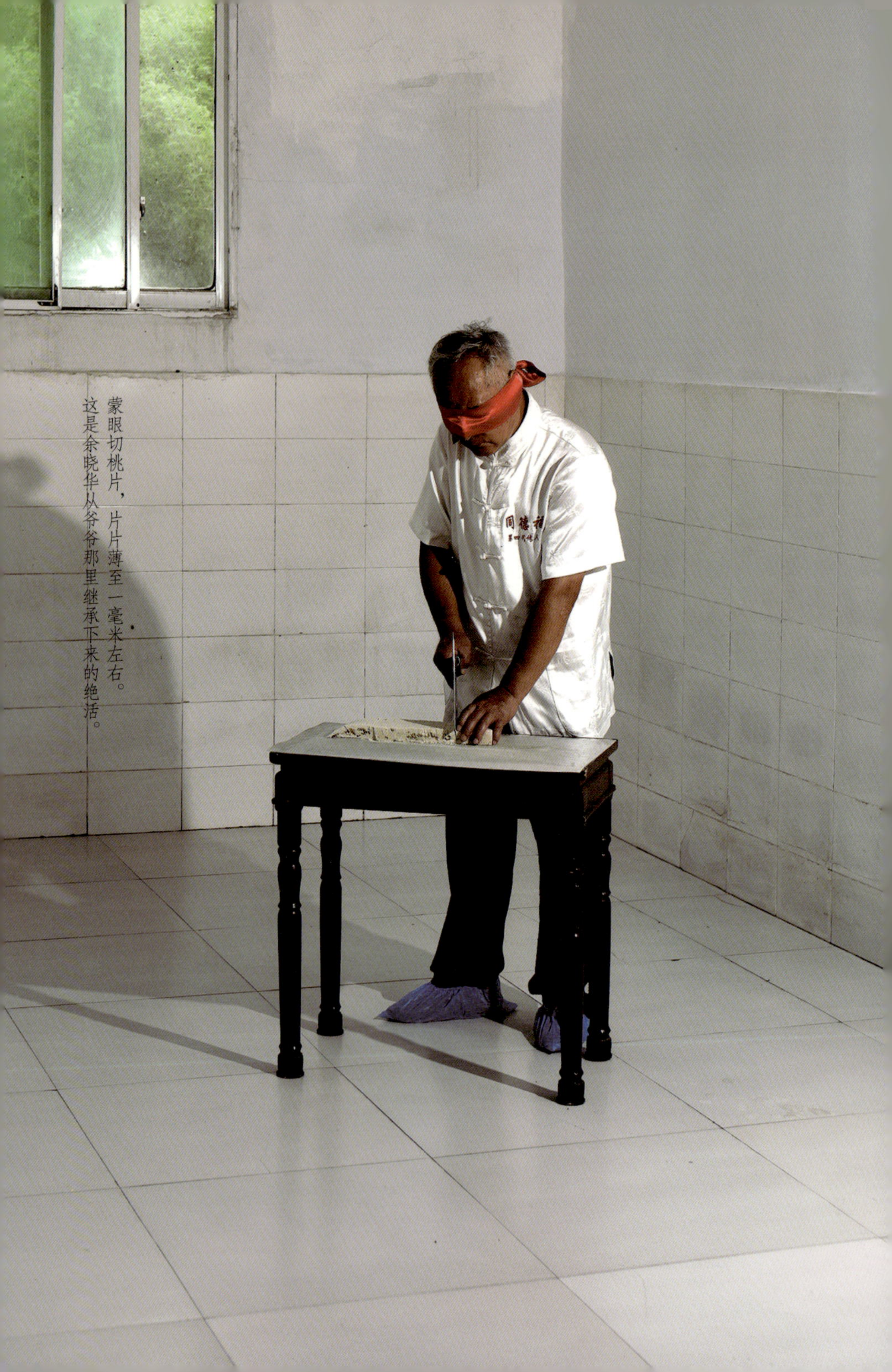

蒙眼切桃片，片片薄至一毫米左右。这是余晓华从爷爷那里继承下来的绝活。

1916 年，同德福老板蒋盛文退休，不满 18 岁的余复光成了当家人。他很快发现了传统工艺中的一个大 BUG——制糖。1.0 时代的合川桃片采用的是“发糖”工艺，也就是把土制白糖加上一定比例的水和猪油，自然晾晒而成。

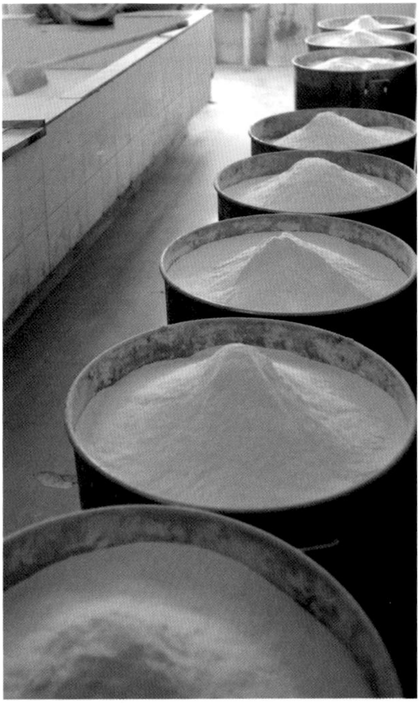

糖对合川桃片的重要性，绝不仅仅是提供甜味那么简单。前面说过，优质的合川桃片单片拎出来，能做到绕指而不断。若是极品，还能做到像纸一样折叠也不断。

恰如其分的糖可以完美地锁住水分，保持最大限度的绵软。很遗憾，“发糖”做不到完美。要让糖分达到最佳黏度，非在原料和工艺上大改不可。

余复光咬牙采购了英国太古公司的精制白糖，加上麦芽糖、鸡蛋清、猪油等辅料来熬糖。夏天熬到 115 ~ 125℃，冬天熬到 125 ~ 135℃，出锅、过滤，用力搅拌至糖液翻砂，直到糖油充分混合，再上案板擀成细末，便成了。

这就叫“搅糖”，合川桃片至今沿用的重要工序。

除了糖，还有糯米。余复光一般用合川大石桥产的本地糯米，用合适的水温淘洗浸泡后，再用麻袋覆盖以“收汗”。

为什么要“收汗”？因为要让水分完全进入米粒内部，不能停在表面。接下来的炒米环节，要用大量河沙埋住少量米粒入锅爆炒。米面有水的话，岂不是泥沙俱下了？

为什么要炒米？因为要让米粒内部的水分在短时间内急剧蒸发，刚刚

能撑破表皮；只有这种糯米磨成的米粉，才能保证松软的口感。那为什么要用河沙？因为米在锅里“裸奔”会煳，就这么简单。

把炒好的米磨成粉，只是“火粉”，还需要晾晒 7 天，才能褪去它的满腔火气。用刷把蘸水洒满干净的地面，铺上篾席，再把米粉均匀地铺上去，让它自然吸收地面的水分，同时不断翻搅以防板结。这个过程又得花三天。

这就叫“润粉”，桃片工艺中不亚于搅糖的重要工序。你若能像余复光一样一丝不苟地做完，就会得到这样一堆糯米粉：

一捏成团，松手后岿然不动，轻轻一触又散成一堆雪白粉末。嗯，上好的合川桃片，已经在向你招手了。

该做心料了。合川的核桃是三江水养大的，脆度、口感都很好。要用足够的人工和耐心，把它们一一夹碎，挑出最好的桃仁，宰成 12 毫米左右直径的颗粒。再用麦芽糖水充分浸泡，接着用手使劲搓，把每个颗粒的边缘都搓毛。只有这样，它们才能牢牢附着在粉层上，成为桃片里一枚枚精致的符号。

糖粉决定口感，心料决定口味。余复光又发明了一项流传至今的工艺：加玫瑰。只要把新鲜桃仁在蜜玫瑰汁里浸泡足够的时间，整盒桃片就会带上浓郁的玫瑰花香，让你吃出人生的浪漫与希望。

最后的步骤来了。把糖和粉混在一起，三擀三揉；请出上下三层的锡制模具，底层以粉铺底，中间放心料，最上层再来一层粉，找平，打紧，再用铜镜收光，总之要让三层料紧密咬合，水乳交融。

然后入锅，80 ~ 100℃蒸制一两分钟，蒸成炖糕形态；取出晾 10 个小时，以便自然收缩更加绵实。接下来，就该表演神奇的切片了。当然可以蒙上眼睛，因为连他的孙子都会，余复光本人怎么能不会呢？

这个牛人，不但发明了玫瑰心料，还发明了著名的椒盐桃片。他不光脑子够用，还够狠够犟：抗战时重庆被炸得千疮百孔，合川也不例外，友商们纷纷偃旗息鼓，只有他，还敢冒着挨炸的风险继续生产。

他的营销能力也很强，比如天天在主流媒体上登广告，变着法儿地夸同德福桃片好；还学着老爸跨界经营，开过西餐厅。

可惜啊，这样一个牛人，还是有弱点——1947 年，他以商界名流身份当选县参议员。这时候有人说他贿选，他没法自证清白，竟然操起一把桃片刀，自杀了。

虽然未遂，但心已死去。几个月后，这个合川桃片史上最重要的人物，含恨而逝。

余复光走后大约 10 年，他的同德福变成了合川县国营糖果厂。儿子余永祚这时也有了自己的儿子，才 4 岁多。余永祚不想当工人，转行当了教书匠。余复光的天分、手艺，全都传给了儿子；而他的性格、脾气，却隔代遗传给了那个 4 岁多的孙子。

对，就是犟老头余晓华。

余晓华的前半生，跟桃片基本没关系。他中学毕业后就进了合川一家汽车运输公司，一直干到了20世纪90年代下岗。在那个失意的世纪末，距同德福开张整整一百年，余家祖上的手艺总算给子孙留下了一条活路。

千禧年前夜，余晓华做的第一批桃片出炉了。整个家族都吃得泪流满面，也不知道是想起了爷爷的味道，还是看到了新生活的希望。

余晓华信心大振，很快注册了重庆“同德福”公司，开起了属于自己的工厂。

说是公司、工厂，其实常年在册的员工，只有他和妻子两个人。创业初期，两口子经常干到凌晨5点多才收工，草草打个盹儿，又得开工熬糖。半夜饿得受不了，便把桃片边角碎料拢到一堆，用开水泡来当粥喝。

没想到这玩意儿比芝麻糊还好吃！余晓华灵光一闪，一个新品种诞生了：无糖桃片风味羹。他的脑洞从此打开，专利源源不绝，先后发明了香酥桃片、豆香桃片、薄荷桃片等新派合川桃片。他还发明了高压喷雾润粉装置，把水加压成雾状，再均匀地洒落，只要两个小时，就能润好两百斤糯米粉。在爷爷的时代，这可是一道需要十天来完成的麻烦工序。

兜兜转转半辈子，下岗工人余晓华并不觉得自己是从头再来，相反，这叫拨乱反正。他本来就是又一个余复光，只不过被时代冰封了几十年，现在醒了而已。

1998年，“同德福”被成都一家同业公司抢注了商标。当余晓华在重庆流水般推出“同德福”合川桃片后，成都人感觉很不好。于是一场商标侵权官司，从2003年打到了2013年。

余晓华也很不爽：从技艺到血脉，同德福的根都在我这儿，侵的哪门子权呢？真正侵权的是你们，明明是1998年的事儿，偏要扯到1898年的同德福身上，这叫虚假宣传、不正当竞争。

官司打了10年，余晓华精疲力竭，却绝不妥协。在认死理方面，他比爷爷还犟。

2013 年 12 月，重庆市高级人民法院做出终审判决：驳回成都同德福公司的全部诉讼请求，判令其立即停止虚假宣传。但是，“同德福”作为该公司拥有的合法商标，却是无法改变的事实。

余晓华可以说赢了大半官司，因为除了那商标不能用外，他可以照常宣传他的同德福。可他还是不服气，因为“同德福”已不仅仅是一项非物质文化遗产的代名词，而是——

余家祖辈的旗帜。

千倒万倒，旗不能倒。所以在今天的市面上，悄悄出现了一款“余晓华”牌和一款“余复光 1898”牌的合川桃片。

老派的包装，印着两代老余的头像。不用吃进嘴里，你就能嗅到一百年那么久的味道。

重庆市级非物质文化遗产

土沱麻饼传统制作技艺

传承人

李程

五十八岁

从业四十年

『炉火纯青』典出何处

土沱麻饼传统制作技艺

一块土沱麻饼，看点有三处：

馅料、烤具和火候。馅料是秘方配制，烤具是凝聚先人智慧的神器——吊锅，火候来自对灶台内那一膛火分秒不差的把控。

李程办这三件事，整整用了40年。

17岁那年，李程进了江北县糖果厂当学徒，分在糕点组。师父李国卿，五十多岁，是土沱麻饼制作技艺的第二代传人。

土沱麻饼创始于清末民初。当时的江北县水土镇是个水码头，商贾云集，当地人陈国恩在水土老街开了一家振江斋馆，推出了自创的麻饼。这麻饼很好吃，但制作过程艰辛得难以想象。当初李国卿师傅带了二十多个学徒，40年后除了李程，无人再做土沱麻饼。

最难忍的是高温。灶台边的温度超过55℃，即使寒冬时节，人站在那儿只需几分钟就会大汗淋漓，然而还得不停干活，折腾七八个小时才能收工。

夏天更是吓人。李程说，以前烘烤麻饼的师傅必须赤膊上阵，每人每天至少要喝一桶水，而他特别怕热，除了水以外，每天还要喝一斤麻油来消火去暑。

所以夏天就只能半夜11点上班了。有一次他靠着吊竿睡着了。惊醒时发现该起锅出饼了，神情恍惚间，他竟用双手去端吊锅，只听“哧哧”几声，端锅的10个手指全被烫出泡来，痛得他在地上打滚。

要达到松酥滋润、味美香甜的口感，麻饼必须全程高温烘烤，锅内温度500～600℃。因此需要两口锅：

灶上是平底铁锅，用来摊放饼料。平底铁锅上再倒扣一只大铁锅，用吊竿移动，起到“锅盖”的作用，俗称吊锅。

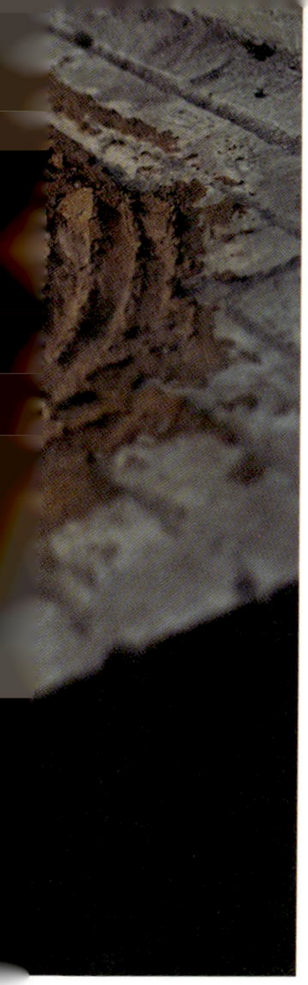

两口锅一合，就形成了一个全封闭的半球形土制烤箱。吊锅的锅底还要糊上一层厚厚的黄泥。李程说这也是为了保温，使麻饼在烤箱里受热均匀。

灶台火膛的边缘也要用稀泥糊满一圈，把火苗约束集中在平底铁锅下，不乱窜。吊锅每隔一分钟就要用力拗到另一个灶膛上加热，共同维持烤箱内 500℃以上的高温。

能不能做土沱麻饼，就看你受得了这种温度不。

火候也很重要。那膛灶火从生火到成形需要一个半小时以上。大块焦炭在灶膛中呼呼燃烧半个小时后，碎炭登场。碎炭的作用是填塞炭块之间的缝隙，让膛火燃烧得更匀实。

等到火苗全部变成蓝色，李程端起平底大铁锅，用锅底奋力砸向膛火。火星砰砰四溅，块炭、碎炭开始形成一个紧实的炭火饼，膛火因此会燃得更好。

这还不够。李程又抓起一把细小的焦炭粉粒（屑焦），轻轻撒在膛火上。这些屑焦会把膛火残存的空隙都填满，让膛火烧得更均匀、饱满。

平底铁锅再次被李程端起砸向膛火，火饼通体闪烁着整齐划一的蓝焰，美若星辰。

道理浅显易懂：如果膛火有空隙，就可能产生塌陷穿孔，火候就无法掌控，烘烤麻饼就会出现受热不匀的情况，最后就做不好。所以就得不停地加炭，不停地填塞，不停地砸。

你知道“炉火纯青”是什么意思吗？去李程那儿参观一下，有助于你更好地理解这个成语。

就这一膛火，李程烧了 40 年；就这一个成语，他也表演了 40 年。接下来就非常快了——

眨眼间，他已端起平底铁锅，锅内躺着 24 个香气四溢、酥酥软软的土沱麻饼。他手腕一振，麻饼整整齐齐地从锅里飞出，飞到了一旁静候的圆木板上。

这一连串眼花缭乱的动作，实际的烘烤时间是多长呢？16 秒。

只要膛火烧得足够漂亮，16 秒足够了，麻饼已经可以释放出美味和颜值了。要是短个一两秒，可能心馅会夹生；要是稍长一两秒，麻饼就容易焦煳。

手捧新鲜热烙的麻饼，油香、面香、花香、芝麻香，香气扑鼻。外层略微酥脆，内层软糯细嫩，而馅料散布在整个饼身中。轻轻咬一口，香味层层递进，真

像小时候吃过的美味点心，有着满满的幸福感。

即便在当年物资匮乏的年代，每逢中秋节、春节，水土老街上总有几十个吊锅夜以继日地开工。那时候没多少花样，就是用白糖、面粉加上醇香的麻油，辅以核桃仁、花生仁、芝麻、冰糖来做麻饼。

今天当然不一样了。酥皮、冰糖、椒盐、金钩、火腿、桂花、玫瑰……各种口味俱备。李程说，馅料是土沱麻饼的另一条生命线。

具体怎么做呢？抱歉，不方便透露。总之就跟选美一样严苛，色香味形一个个挨着过关，只有外在和内涵俱佳的芝麻、花生、冰糖、玫瑰、瓜条，才能成为土沱麻饼的最佳搭档。

就这么简单。但这就是我们儿时幸福的源泉。

看清楚了没有？
烤烫的吊锅撬过来倒扣在平底锅上，
就是古代先民们的烤箱了。

重庆市级非物质文化遗产

巴国阴米传统制作技艺

传承人

潘恋

五十三岁

阴米制了四十年

CHONG QING BAOBEI

像糯米一样，做更好的自己

巴国阴米传统制作技艺

CHONGQING BAOBEI
MEISHI

八月底，山下的稻田早已收割、晒场完毕，而在海拔800米的山上，稻子还有十来天才会成熟。

潘恋站在山垭口，深呼吸着早晨潮湿的空气。这些定点种植的土糯稻，真实的亩产只有数百斤。但潘恋的规矩是，不管亩产如何，他都会以每亩千斤的价格与山民结算。而这一切唯一的要求是，必须用当地原生土糯稻种，全程农家肥，不能打农药。

不管旁人怎么打探糯稻产地，他都只淡淡地说，这是一种晚糯稻，比别的稻谷晚一个月成熟，每一粒都是绝好的糯米。

40 年前的某天，凌晨六点，13 岁的潘恋翻身起床，挑上水桶，顶着星光去一里外的古水井担水。在熹微的天光中，瘦小的身体和一对大水桶形成强烈对比。潘恋深一脚浅一脚地走在湿滑的田埂上，一不小心摔下田埂，水桶翻了，膝盖处皮开肉绽，痛得他哭出声来……

妈妈说，泡糯米必须用最清亮的井水，所以潘恋每天这么早起床就是想挑到头井水。头井水是泡糯米的最佳选择，这时的井水冷冽清纯，和选好的糯米相互拥抱 6 个小时，能让糯米的皮层、糊粉层和胚芽充分舒展，做出来的阴米才会有最好的滋养效果。

妈妈的话，潘恋至今牢记在心。妈妈叫唐汝芬，出生于北碚静观，祖上则是渝北龙兴人氏。龙兴古镇阴米名头不小，据说发明人之一是清朝末年的名厨唐明云。

后来唐家迁居静观，1944 年生的唐汝芬成了阴米制作业的第四代传人。她制作的阴米香糯黏滑、清香四溢，是当地乡村难得的稀罕之物。基本上只有贵客临门时，妈妈才会亲手从贮存阴米的陶坛里舀起半碗阴米，燃起柴火，煮上一碗红糖阴米粥或用阴米煮蛋。

由于小潘恋身体瘦弱，妈妈有时会多煮半碗阴米粥，让儿子喝下去。时隔几十年，潘恋仍然记得那半碗粥的味道：香甜、软糯、温暖，是他这辈子喝过最好喝的粥。

潘恋是个有心人，他从小就在想，普普通通的糯米是怎么变成阴米的呢？直到长大后才有了答案。有一次他偶然翻到《本草纲目》，李时珍说，古人早就用糯米来滋养身体、益中理气，用它来治痢疾、愈盗汗、止流血、安胎固腰等；甚至，淘糯米的水还可以解毒，就连糯稻花阴干后，都会有明显的乌发作用。

妈妈的阴米制作技艺，是糯米制作的升级加强版。远的不说，就说那一碗冬苋菜阴米粥，里面不知道藏着多少营养。潘恋很早就跟妈妈说要学做阴米。妈妈笑着问他："家家户户都会做的东西，你学它有什么用呢？"

是啊，在川湘渝贵，阴米最是常见，有什么好学的。潘恋却说："能把最寻常的东西做得不寻常，那才是本事，我要做的阴米，一定是世界上最好的阴米。"

日精月华，天材地宝，
这就是阴米中的“爱马仕”——巴国阴米。

光阴荏苒，潘恋把初心变成了现实，成长为一个制阴米的大师。

他定制的晚熟糯稻，是巴渝民间土生稻种，产量小、成熟晚，对环境要求极为苛刻。若海拔低于800米，温差一变品质就差了。虽然种植条件苛刻，但它真的很值：除去谷壳，自带一种奇特清香，普通糯米无法与之相比。

种出好糯稻，只是第一步。下面是泡米。小时候妈妈用井水泡，现在潘恋用矿泉水泡，或者用车去深山里拉山泉水来泡。这样的水天然质朴，浸润糙糯米 4 ~ 6 个小时，就能让米中的皮层粗纤维、糠蜡、矿物质乃至米清蛋白彻底舒展释放，便于人体吸收。

蒸制则是用传统的木甑和竹制甑盖，这样利于糯米上水和保持原本的清香。急火蒸制一个小时左右，潘恋会迅速把糯米摊晾在巨大的簸箕木板上。

接下来就是阴干。这是最核心的步骤，完全顺应天气和时间来进行。最好的季节是深秋至初春的短短几个月，这时候天气阴寒，巴渝地区几乎不见太阳，黏黏的糯米结成块状，舒适地躺在簸箕上，利用干冷湿润的天气，悄悄完成发酵和干燥。

这个过程大约10天。此时此刻，潘恋的动作会变得非常柔软，他会仔细观察，不时抓起一块微黄的糯米块闻一闻。他在找一种气味。如果这种气味出现，活儿就漂亮了。

这种奇特的气味，其实是阴干发酵时糯米散发出的淡淡馊味。当它们刚刚开始弥漫，就是最佳发酵时刻。潘恋说，好多人家自制阴米，就是不知道

这个窍门，做出来的阴米也就没有那股特别的香味。这是一种感觉，学是学不来的，得用10年、20年的时间来积累。

软糯黏稠的糯米块在时间和天气的催促下变干变硬，渐渐自动分开，像一颗颗晶莹剔透的碎玉，灵气十足。这时候，就该叫它阴米了。

这是顶级的巴国阴米，区区二两市价就能卖到几十块。因为每年山中稻田糯米的产量有限，它成了稀缺货，有钱也不一定能买到正宗的。

潘恋的产品谱系里，还有紫黑糯阴米、桑葚阴米、金银花阴米、红糖阴米……多得很，有没有兴趣？

先说金银花阴米。摊晾蒸好的糯米时，在簸箕四周铺上刚刚采摘的新鲜金银花，热气氤氲之间，花香与药气逼出，再浸透到正在发酵的糯米中。

再说他创新的桑葚阴米。将新鲜桑葚打成乌红的桑葚汁，过滤后用来泡糯米。当糯米入甑蒸制后，会透出一种晶亮的紫红色，加上糯米与桑葚的香气混合弥散，真令人陶醉。

不管哪种做法，总之糯米经过一番脱胎换骨的旅程，就变成了富含蛋白质、脂肪、钙、磷、铁、维生素 B_1、维生素 B_2、烟酸及淀粉等多种营养物质的巴国阴米。

这时候，潘恋总会产生一种幻觉，觉得自己和阴米已融为一体，跟原本的糯米一样，变成了一个更好的自己。如今除了会做阴米，他还成了中国烹饪大师，身负众多绝艺。比如刀工——一块巴掌大的萝卜，他运刀如飞、剥片切丝，萝卜丝不断，长度竟然可以达到百米。

《礼记》说："大学之道，在明明德，在亲民，在止于至善。"什么叫"止于至善"呢？就是专注目标，绝不改变。

潘恋的目标，就是当年对妈妈的承诺：把寻常的阴米做成世间最好吃的东西。

重庆市级非物质文化遗产

北碚豆花传统制作技艺

传承人

张正元

七十岁

从业四十多年

一万五千个昼夜的秘密

北碚豆花传统制作技艺

CHONGQING BAOBEI
MEISHI

凌晨3点，张正元准时起床。一桶浸泡得正合适的黄豆，被他一勺一勺舀起倒入石磨芯中，沉重的石磨缓缓转动，豆浆从四周细槽中流出……

细密的汗水很快布满张正元的额头。冬夜的寒气中，熊熊柴火的舌头噼里啪啦伸出灶膛，豆浆在铁锅中欢快地翻滚着。张正元像大将军一般舞动一把长柄铁勺，往锅里注入胆水。沸腾的豆浆顿时安静了，雪白幼嫩的豆花悄然盛开，好了。

四十多年来的每天凌晨，现已70岁的张正元都是这么过的。

1948年4月，张正元出生在合川麻柳乡。父亲是船工，他从小就跟爸爸一起住在船上。无论是长江还是嘉陵江，船

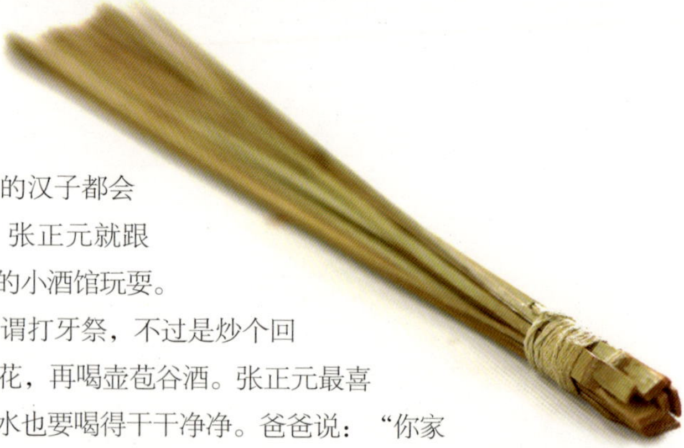

到码头，一帮粗豪的汉子都会相约上岸打牙祭，张正元就跟着大人们去码头边的小酒馆玩耍。

船工清苦，所谓打牙祭，不过是炒个回锅肉、吃碗河水豆花，再喝壶苞谷酒。张正元最喜欢吃豆花，连豆花水也要喝得干干净净。爸爸说：“你家二公就是做豆花的，我让二公教你好不好？”

“好。”张正元认真地点头。

二公人称张八爷，当时在麻柳乡开了一家豆花饭馆。无论上水的木船还是下水的驳子，船工们都喜欢到二公的饭馆来碗热腾烫嘴的豆花，喝几口辣心窝子的烧酒。

张正元见面就说：“二公二公，我要学点豆花。”二公心里暗笑，说：“你吃得下这个苦吗？”多年后张正元明白了：二公说的这个“苦”除了劳累，还有几十年如一日的耐心。

张正元立志做豆花的同时，在3000公里外的日本东京，一个叫早乙女哲哉的少年来到一家天妇罗店当学徒。买食材、打扫、洗碗、调浆、炸物……

整整50年，他只做天妇罗这一种食物，最后做成了日本的天妇罗之神，连日本首相、美国总统都跑来乖乖排队。

天妇罗其实就是一种油炸食品，很简单。跟这玩意儿一样，豆花也是一种简单到不能再简单的食物，食材就是黄豆、水、胆水。但是，越是简单的东西，越是人人都能做的东西，就越难做到卓越。

张正元的豆花做到什么程度了呢？

他先后开了9家豆花馆，家家生意火爆，直到后来在磁峡路买下一所老房门面，才终于打出了自己的招牌——张豆花。他的店里有一年365天天天来吃豆花的骨灰级食客；也有从南岸、沙坪坝组团坐轻轨来吃豆花的铁粉。

他的店清晨7点半开张就有人在门外等候来吃早豆花；他的名字无人记得，大家都叫他张豆花。

名字和作品融为一体，这意味着什么？张正元说：“一碗好豆花，只能用心来做，而心是你自己的，豆花也是你自己的。就这个关系吧。”

做豆花，得先从黄豆说起。他的黄豆来自高纬度的东北大平原，深厚肥沃的黑土、强烈漫长的日照，再加上独特的风水空气，使黄豆颗粒饱满圆润，清香悠远，蛋白质含量远高于普通黄豆。

然后是水。井水最佳，河水次之。接着是胆水，这是卤盐水熬盐后剩下的盐卤，是氯化镁、硫酸镁和氯化钠的混合物。它发生的化学反应可以促使蛋白质凝固，人们常常用它来点制豆花。

但是，这个点制豆花的胆水比例是多少？没有几十年的实际操作，永远点制不出“白嫩绵烫”的豆花。

还有火候。好的豆花要用柴火或煤火。因为这样不仅可以掌控火势，而且最关键的是，豆花点制过程中，需要奇特的“半边火”，现代的燃气灶具根本无法做到。

还有磨制，石磨是最好的选择。张正元说，石磨是物理冷压磨，黄豆磨碎过程中没有加热，黄豆体内的细微豆筋及蛋白质分子结构没有受到破坏，点制豆花时才会呈现出最好的状态。

如果是机器磨制，高速转动所产生的热量会让黄豆体内的细微豆筋及蛋白质分子结构受损，这个豆花点制出来就差不少了。

还有黄豆浸泡、豆花箕压、点制手法、豆花翻身、调料制作……几十年下来，张正元点制豆花的技艺已臻化境。他不需要尝，只要看一眼，就知道这个豆花好不好。

比如“荷叶”，也就是嫩豆花，像初夏的荷叶一样亭亭如盖、清香迷人。判断其好坏的关键指标是，豆花舀到碗里，是否能从碗沿耷拉下来而不断裂，就像一张荷叶盖在碗上。总之，“幼嫩”与“绵扎”这对矛盾，必须在这碗豆花身上完成和谐统一。

张正元说，好的食物都是很脆弱的。比如豆花点制好后，每隔几分钟就要给它翻个身，避免铁锅底部过热导致这部分豆花老化。这时候他便会佝偻着身子，像年轻时一样，用自制的竹刷沿锅边下探，轻轻把豆花与锅底分开，然后用一根黝黄的长竹块，按住一块块海冰一样的豆花，慢慢地让它翻转身体，就像在给它做按摩。

很巧啊，日本那位天妇罗之神也说过，食物的味道是很脆弱的，耽搁一秒，就会面目全非。

四十多年，一万五千个昼夜，张正元都在伺候着这一碗豆花。每天他要磨 80 ~ 100 斤黄豆，做两大铁锅豆花，卖出 500 ~ 600 碗。每一碗都带着他的体温、力量和心意。

我就是传说中的“荷叶”。

看似最简单的食物，往往蕴藏着最高超的技艺。而掌握最高超技艺的人，往往是最普通、最寻常的人。

现在，张正元每天 7 点起床，到厨房看看徒弟点制的豆花，在店里收拾一会儿，再和吃早豆花的熟客们聊上几句。中午最忙时刻应付过去后，他会休息一会儿，晚上 10 点前上床睡觉。如此规律的生活，可不光是为了养身，更重要的是养心——

一颗匠心，就像一碗豆花的本味，清雅悠香，却又极易破损。所以呢，你要珍惜。

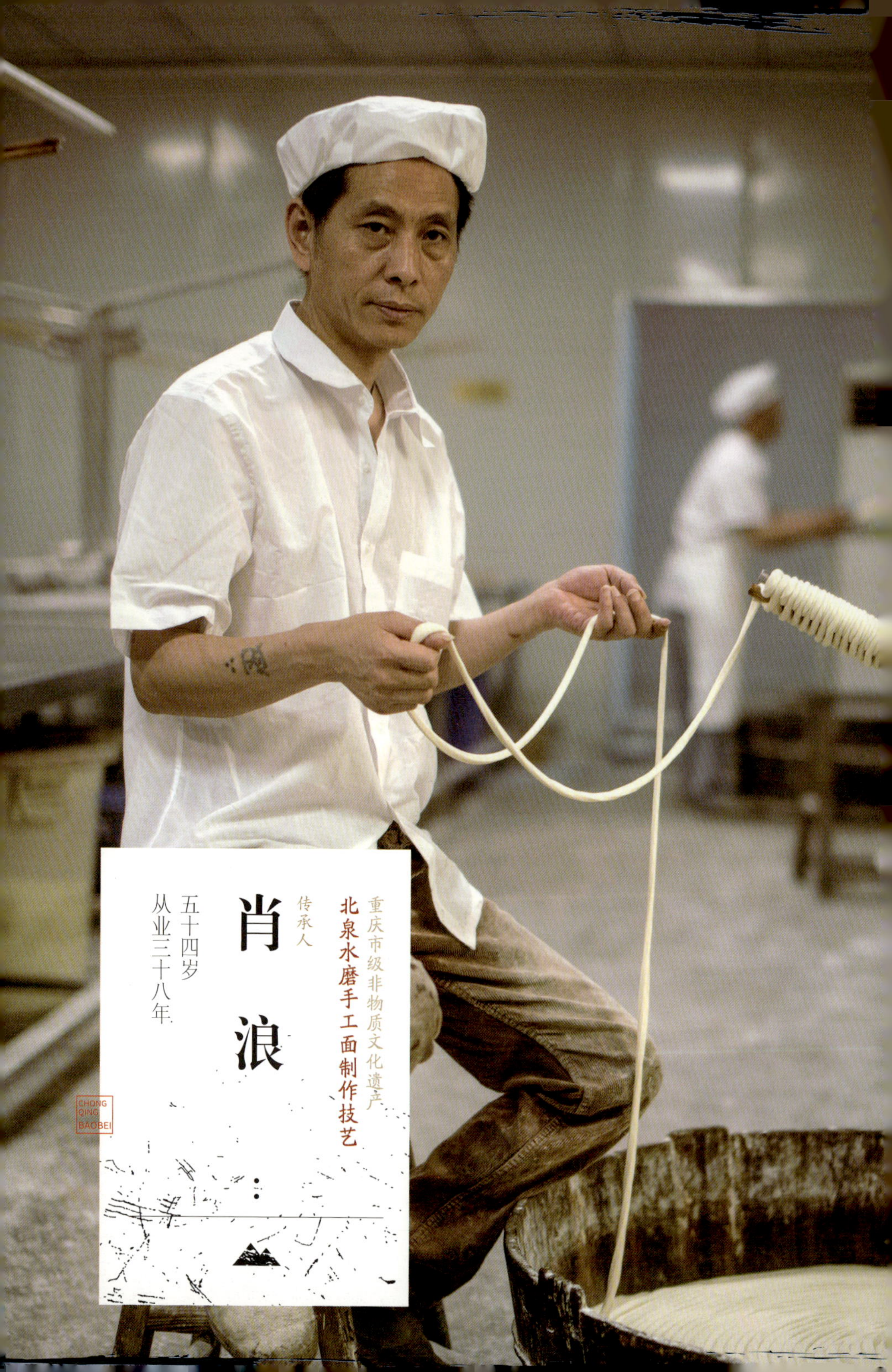

重庆市级非物质文化遗产
北泉水磨手工面制作技艺
传承人
肖浪
五十四岁
从业三十八年

云水间一把面

北泉水磨手工面制作技艺

一根黄竹棍、一根黑铁棍，插进墙壁上的两个小孔。这两个小孔，叫“羊角孔”。

竹棍有韧性，铁棍有力量。

小拇指粗细的面条飞快缠绕上竹铁棍，一个圈一个叉，一个圈一个叉，两只手挽圈叉的同时，还要飞快地搓细面条！电光石火间，竹铁双棍上已经被面条交替缠绕了60个圈和60个叉。120个圈叉，只用了两分钟——平均一秒挽一个。

这叫挽面，手工面制作中最眼花缭乱的一道工序。

缠满面条的两根小棍被小心取下，这一柱面条被舒适的力道拉伸几下，然后架在醒面池中继续发酵。

在这里，有八十多柱同伴一起静静发酵，等待着被手工按摩的下一道工序。

挽面师傅肖浪，53 岁，眼神有力、轮廓分明，和他的手工面一样，很帅。

肖浪 16 岁就进了北泉手工面厂当学徒。师父蒋昌永，民国时就以手工面为生，技艺精湛。从传承上来讲，肖浪现在开条用的刀和下盆条用的盆，就是师父留给他的，时间算起来也有一百多年吧。

做手工面 27 道工序，蒋师傅一招一式教给肖浪。比如挽面的手法技术，肖浪学了整整一年半。蒋师傅还夸他“聪明，学得蛮快嘛”。

肖浪看到师弟老挨师父骂，就跑出面坊去看山。缙云山苍翠欲滴，云雾起，云雾散，他平心静气，想着师父的动作、细节、力道，似有所悟。

山被云雾遮住，又被阳光照亮。37 个年头像脚下的嘉陵江水，悄无声息流走。世事沧海桑田，原来手工面厂里有四十多个师傅，到如今，只剩下 4 个。肖浪并没有如他的名字一样，浪起潮落。

工厂改制、收入低微、师友改行、老板更迭。肖浪经历了所有的动荡和创痛，但只要还能做面，他就不走。他说，自己就对做面有兴趣，喜欢。另外，连续做面 3 天可以休息 4 天也是一个原因，自由。

他像一个隐者，隅居缙云山深处，简简单单地做面、钓鱼、下棋……北泉手工面在他粗糙的双手中，由面粉到面团，由粗到细，最后细若银针，闪烁着光。

做面的时候，肖浪就住工厂宿舍，吃工厂的伙食，每道工序间隔的醒面时间，他就到屋外看山。

“嗯，今天可以在室外晒面。”肖浪说，这么多年，做面发酵的温度、加盐分量的多少、晒面在室内还是室外……他只需要看看远处的山峰，就了然于胸。

比方说晒面，外行以为有太阳就可以晒，其实不然。肖浪看山，是看山色是不是通透明亮，如果是，就可以晒面；如果远山朦胧，即使头顶是艳阳天也不能晒面。因为这时室外

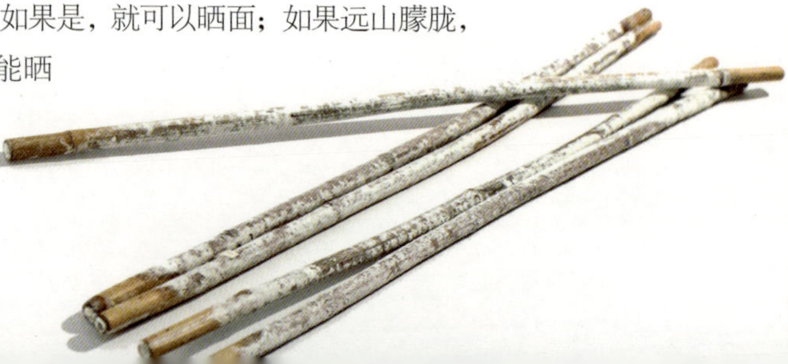

湿度仍然大，面条晾晒反而会出问题。

手工面最大的伙伴，是时间。肖浪说，这事儿怎么能催呢？

100 斤面粉，发酵、揉面、做索、开条、结条、环条、堆条、上棍、提面、扯扑、分签……整整 27 道工序。况且，中间五六道工序之间还必须暂停下来，醒面半个小时，加上下盆条至少一个多小时，挽面至少两个多小时，你算算，总时间短得了么？

北泉手工面最大的特点之一就是细若银丝的面条中还隐藏着无数小空孔，这些空孔会带给食客无与伦比的爽滑 Q 弹感。师傅们叫它开心窍，外人一般叫空心面。

而这些小空孔的形成，就是靠各道工序间这半个小时的醒面。醒面，专业一点叫发酵，就是让面条酵母菌分解淀粉时产生二氧化碳，形成更多的二氧化碳空泡空隙。

而这些密布面条身体中的空孔，就是产生独到味觉的源泉。你说，醒面的时间能省吗？

除了时间的酝酿，还少不了心力的倾注。

酵母，是手工面坊传承了一百五十多年的老酵母，菌群丰富、层次分明；面粉，必须是面筋含量高于 30% 的高筋面粉；添加的东西全部天然无污染，基本只添加鸡蛋、鸡汤、麻油；连和面的水，都来自国家级森林公园缙云山的清澈山泉。

盘面的时候，肖浪会把大腿粗的面条拉成小臂粗，然后又从小臂粗拉成大拇指粗细。整个过程，面条被无数次砸拉在案板上，“砰砰——砰”“砰砰——砰”的节奏全程回响在耳边。

这不仅是技术的展示，更是力量的表演。

下盆条，像拇指粗的面条被连接起来，一搓一甩，一搓一甩，面条像

金蛇狂舞，昂首跳跃，穿过豌豆粉堆，被师傅稳稳接住，安然盘蜷在木盆里。

几次由粗变细的过程中，面条都要穿过一堆全青豌豆粉，豌豆粉薄薄地覆盖在面条上，不仅会让面条口感更顺滑，更重要的是，这也是北泉手工空心面煮后放一晚上、第二天回锅依然不会坨的秘密。

肖浪手中的100斤面粉，最后被他拉伸出20万根直径1毫米、长4米的纤细面条，总长度达800公里。

剩下的事情就交给老天。这些千丝万缕的面条被挂上晾架，在阳光、风和时间的作用下渐渐定型，成为世间难得的好面。

缙云山居，心静如水。这样来形容肖浪的隐逸显然不恰当。

其实肖浪完全可以凭借自己的手工面绝活闯出更大的天地。但他依旧藏身缙云嘉陵之间，老老实实地和面、堆条、挽面、扯扑，看面条拉伸到细若游丝的4米长度，那些布满面条的微小气孔怎样舒服地呼吸。

肖浪也会抱怨收益微薄，正如手工面的慢工细活，怎敌得过隆隆机械的攻城略地？！

但转眼，他又会跑出去看山。山色空蒙，抑或山色明媚，肖浪都会深呼吸一口带着草木清香的空气，只觉得浑身舒畅，相看不厌。

有空闲的时候，他会去乡村赶场。一张折叠桌上，几把布满开心窍的手工面，静静地摆在桌上。场镇上熙来攘往、人声喧闹，肖浪蹲在一旁，心如止水。

我见青山多妩媚，料青山见我，应如是。

这是『下盆条』。秘密全在师傅的手上功夫，拇指粗的面条犹如金蛇昂首，欢快地跳跃过豌豆粉堆。

重庆市级非物质文化遗产
熊鸭子传统制作技艺
传承人
杨作荣
六十五岁
从业四十四年

伐薪烧炭 卖鸭翁

熊鸭子传统制作技艺

CHONGQING BAOBEI MEISHI

一只刚刚开膛剖净的鸭子，散发出惨淡的腥味。

细细削出6根楠竹片，整齐划一，张弛有度。把鸭子摊开，两根竹片一端从尾部斜刺入肌肉，另一端纵跨整个腹腔，插入肩胛一带，形成两座平行的“拱桥”。

接着再来两根，左下右上、右下左上交叉排列，合力把鸭子撑成圆盘状的平面；再来两根，一根把肩部串在一起，一根把腿部也串在一起；最后再来一根竹签，把长长的鸭脖子盘在鸭身一侧，穿过去，固定住。

6根楠竹片高高隆起，连着下面那只圆盘状的鸭，就像一只精巧的篮子。杨作荣提起篮子“啪”的一声丢在案板上：“你看，稳得很。”

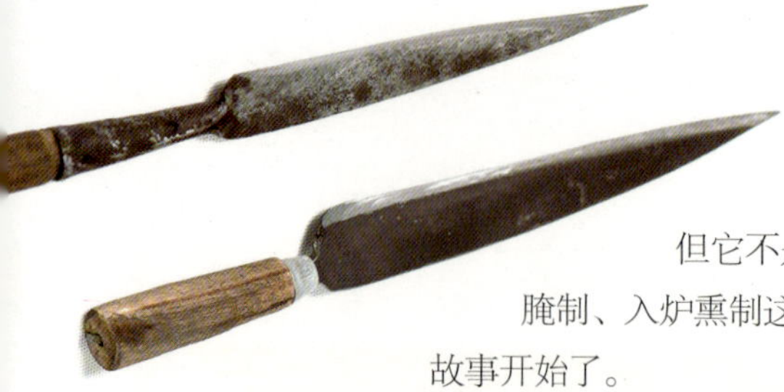

塑形，是“熊鸭子”
制作技艺中的一个重要环节，
但它不是最重要的。接下来，还有码料
腌制、入炉熏制这两大步骤。
故事开始了。

1902年或1903年的某一天，重庆江北嘉陵江边的相国寺码头一带来了一个卖鸭人。这个人叫熊汉江，应该在25岁左右，家境不是很好。他有4个女儿，没有儿子；他至少有一个弟弟。

生于19世纪80年代的熊汉江的画像，就是这么模糊。他那一身熏鸭子的本事师出何处，也没人知道。今天我们只能说清楚这么几件事：

他确立了熊鸭子的选鸭标准——去毛去内脏后净重1～1.2公斤。大了小了，都会影响口感，要不得。

他练就了一手宰剖绝技。鸭子宰好后，徒手伸入鸭腹，准确而干净地清理内脏；然后用特制的弧底尖刀从内向外走，同时砍开各大关节，就能完成一次漂亮的解剖。

他制订了竹片塑形的标准。熏制鸭子需要最大限度地扁平化，只有这样，理想的味道才能均匀渗入肌肉，无论正反内外。

他还研发出了独门香料，自创了一套熏制工艺。在这工艺里，需要一双能忍受经年累月烟熏火燎的眼睛。

熊汉江的鸭子很快在相国寺一带卖成了爆款，渐渐闻名嘉陵江两岸。多年后，他在五里店江边的陈家馆一带租了

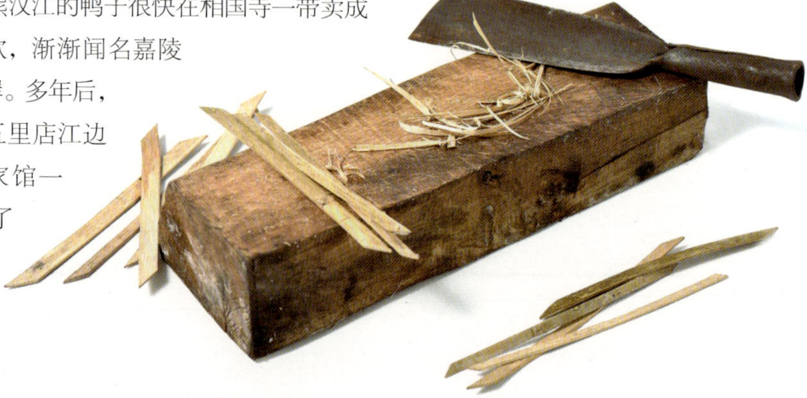

一处较大的房子，砌土灶、熏鸭子。灶旁又搭了一间柴房，柴火堆积如山。

20 世纪 30 年代的某一天，一个五六岁的小男孩偷偷溜进柴房拣木头玩，柴山瞬间垮掉，沉重的青冈木当即砸断了他的右腿。

这孩子叫熊大富，熊汉江弟弟的儿子。弟弟早先因病去世，弟媳随后改嫁，苦命的孩子无枝可依，只能由他抚养。

熊汉江为此伤心内疚了很久，不知如何面对故去的弟弟。

熊汉江的手艺，需要在熊熊柴火和滚滚浓烟中观察操作。女性头发长，容易被燎，所以只好传男不传女，于是一瘸一拐的苦孩子熊大富便成了“熊鸭子”的第二代传人。

大伯把手艺、亲情和愧疚，全都给了他。两代人一齐努力，终于在繁华的大阳沟开起了第一家店，从此，“熊鸭子”成了一块享誉老重庆的金字招牌。

转眼又过了二十多年，公私合营了。年届八旬的熊汉江隐退，熊大富则代表“熊鸭子”留下来，成了江北区食品公司下属禽蛋厂的职工。他拿着那个年代少见的高工资，却承受着各种屈辱，原因有两条：一是所谓“资本家”的身份；二是终身残疾，走路难看。

熊大富五十多年的人生几乎全程灰暗。厂里从领导到家属小孩都叫他“掰子”，一个针对腿脚残疾者的侮辱性称呼。

童年不幸，熊大富向来沉默寡言。成了“掰子”后，他更是轻易不说话，

就像个“聋哑人”，没人拿他当回事。比方说，禽蛋厂里散碎的肉蛋边角料，谁都可以捡回家吃，偏偏他不行。只要一伸手，立刻就会有人跳出来呵斥：“放下！滚出去！”

他便默默放下，低着头，佝偻着腰，一瘸一拐地消失，连一声叹息也不配有。

1972 年的一天，一个 19 岁的小知青从大足县返城，被分配到了江北区食品公司当杀猪工人。几年后，他被调到了禽蛋厂，很快成了熊大富的领导。

这个叫杨作荣的年轻人跟别人不一样，他向来只称熊大富为“熊师傅”，而不是“掰子”“聋子”“哑子”。也只有他，凡事都愿意跟熊师傅商量或请教，而不是吆五喝六、过河拆桥。

那时的小杨不会预见自己老来的容貌。但到了今天，65 岁的老杨常听别人跟他说：

老爷子长得很面善呐。

熊大富不说话，但知道谁对他好，谁值得托付。熊大富也很卑微，但依然有着把手艺传世的梦想。

20 世纪 70 年代末的一天，没有经过任何仪式，熊大富就把杨作荣当成徒弟了。小杨心领神会——他悄悄地把“熊”字去掉，只喊“师父”，从此成为“熊鸭子”的第三代传人。

几十年来，杨作荣觉得自己学得还不赖。比方说香料，传统的“熊鸭子”香料有十多种，经过精心配比、炒制、研粉后，才能确保独到的风味；在杨作荣手上，香料扩充到了三十多种，形成了新老融合、适应现代人口味的熊鸭子配方。

有了这么好的方子，操作起来就很愉快了：

把精盐翻炒成细腻滚烫的盐沙，再把香料掺进去搅拌混合，便能得到一锅上好腌料。将腌料细细码到鸭身上，尤其是肩胛、胸腔、鸭腿这几个部位，

要多码一些。最后，在鸭喉处塞进几颗大红袍花椒，既能入味，还能追血，去除肌肉纤维里没有排净的水分和残血。

这样一只通体奇香的鸭子塑形完毕后，晾挂大约 24 个小时，等到盐粒完全融化，就可以入灶熏制了。

早先的灶还是土灶，用砖头砌成，高约 70 厘米、宽约 80 厘米；灶内中部放置一层铁架子，可以整齐排列四五十只鸭；架子下面，就是上好的青冈木了。

青冈树就是橡树，大量分布于重庆的綦江、武隆、彭水等地，燃烧后能发出奇异的植物香味。跟松柏枝不同，它的燃烧不会产生太多有害物质。“熊鸭子”坚持使用这种昂贵的木柴，以便保留大自然的味道。

数十只鸭子躺在火中，高温和浓烟悄悄改变着它们的颜色，直到一只只变成饱满的棕黄色。在看不见的肌肉内部，橡树的香味自由狂奔，与早已埋伏下来的各色香料会合，占领一切空间。

杨作荣会弯腰站在灶旁，睁大眼睛观察每只鸭子的变化。不停地流泪，不停地咳嗽，他就像当年的师父，视力糟糕、胸闷气短。

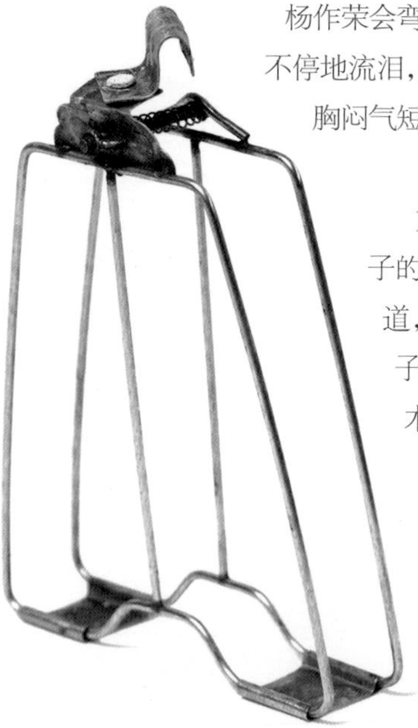

如今土灶被淘汰，改成了一次能烤数百只鸭子的大炉子。这是一个狭长的房间，铺有一根轨道，用来通行一辆高高的架子车。车上挂满鸭子后，几个人合力将其推进屋子，点燃四周的木柴，整个房间便成了一个大烤炉。

为了保证温度，需要关闭两扇大铁门。那还怎么观察呢？你只要让周遭的人全部闭嘴收声，再把耳朵贴近铁门，仔细听里面的动静就可以了。

鸭子受热后，体内的水分会渐次蒸

发，油脂也会悄然坠地。当你听到“滋滋”一声，或者“啪嗒”一声，像数十里外隔空传来的隐秘信号，就能判断出某一群甚至某一只鸭子的火候了。

一百多年了，今天还能做到这一点的，大概只有杨作荣。

大约两三个小时后，鸭子可以出炉了。只需要再蒸最多半个小时，看到水蒸气变成螺旋状，就可以尽情享用了。

然而老杨也老了。十多年前他还能四处出击，帮人家做正宗的熊鸭子，可越到后来，越是力不从心。更烦恼的是，他至今也没找到一个合适的男弟子。

没办法，今天的男人们心比天高，不乐意干这个烟熏火燎的苦差事。而若干女弟子们也因为趟炉子太苦太危险，所以都只学宰剖、塑形、腌制什么的。“熊鸭子”的精彩，因此被打了个对折。

还有更要命的——环保要求越发严苛，以烟熏火燎为核心工艺的“熊鸭子”很难找到生产场所。究竟哪里，才能安放一座可以挥洒才华的炉子？究竟何处，才是“熊鸭子”的远方？

1982年，阴晦的一天，熊大富油尽灯枯。杨作荣一路小跑赶到师父床前，师父努力说完了最后一句话：

“我只认你一个徒弟。你要发扬光大哟。”

三十多年后，猪年新春到来前的一个中午，杨作荣请我吃他刚刚做好的卤菜。那种饱满绵软、那种满口余香，真遗憾，你们体会不到。

耳畔突然传来抽泣声。老杨眯缝着的双眼泪光闪动，哽咽得像个孩子：

“一想起师父我就难受……以后该怎样去见他呢？”

重庆级市非物质文化遗产

桥头火锅调料传统熬制技艺

传承人

李波

四十六岁

从业三十年

船到桥头自然直

桥头火锅调料传统熬制技艺

CHONGQING BAOBEI MEISHI

一般认为，火锅是清代川江船工们创造的。

最廉价的猪牛羊内脏，用粗盐码一码，除一除腥味；烧一锅汤，丢几根猪牛骨下去，再加几枚干辣椒，然后夹起下水在汤里烫一烫，就开吃呗。

可以再搞点海椒面、花椒面当蘸料。一口牛杂，一口老酒，在甘苦自知的咀嚼中，便能接近梦想的美味与卡路里了。

显然，火锅在诞生之初就很明了：那锅汤要是搞好了，下水也能烫成梦想。

这锅汤，就是火锅调料，重庆话也叫火锅底料，简称锅底。

1908 年，重庆开埠已近 20 年，南岸海棠溪码头边帆樯蔽日，船工水手们每天都在烫着原始的火锅，以此果腹。

那时候还不叫火锅，叫“连锅闹”。锅里一直滚着，连绵不绝，就叫“连锅”；而一个“闹”字，则展现了吃法的强悍，譬如“五鼠闹东京”，酣畅淋漓之至。

闹得这么欢，连锅闹却一直没能升华成一门生意。直到 1908 年的某一天，出现了一个叫李老大的聪明船工。他发现了船工的一个共同点：易患风湿疼痛。

于是他就想啊：海椒、花椒都能祛风除湿，如果大量加到汤里熬制，让食材涮烫之时就浸润麻辣之气，会不会好一点？

对的。那种满头大汗、遍体通泰的感觉，非亲历无以言其快。

李老大试出了配方，要去沿街叫卖升级版连锅闹了。

扁担两头各挑一个箩筐，一个是红泥炉子托着一口洋铁锅，锅里煨着熬好的底料，走一路，香一路；另一个则装着切好的牛肚、牛肝、牛心等，走一路，烫一路。

这家伙不出意料地火了。在大清即将灭亡的时候，他在海棠溪的通济桥头盘下了一处店面，从游摊进阶成了餐馆，招牌就叫：桥头连锅闹。

通济桥，一座建于同治年间的单孔小石桥，早已消失在南滨路的开发建设中。今天很少有人知道，大约一百年前，桥头曾有怎样的一派风光。

抗战时期，重庆餐饮业空前繁荣，李老大的生意却大不如前。老爹的白发与哀愁感动了儿子李文骏，这个已在船运行业站稳脚跟的年轻人咬咬牙，回家接了班。

李老大的卖点是廉价。然而今时不同往日，国家虽然艰难，蜂拥而来的各地吃货们却并不会因此降低标准。桥头连锅闹要想生存下去，非改不可。

李文骏比老爹高明多了。他在锅底里加了醪糟、冰糖、豆豉等调料，目的是扩大味觉内涵，把甜鲜细腻的下江口味包容进来。接着打磨蘸料——刚出锅的菜又烫又辣，需要合适的介质来给它降温褪火。李文骏便用麻油加鸡蛋清，炮制出了一道最佳火锅伴侣。

某一天，一个文化名人吃嗨了，挥毫留下一道墨宝：

人在路上行，食在桥头边。万物锅中游，炉火红遍天。

李文骏如获至宝，赶紧把“桥头连锅闹”改成了“桥头火锅”。那是 1938 年的样子，重庆以“火锅”命名的餐馆还非常稀少。1943 年，剧作家于伶在桥头火锅摆生日宴，又一个牛人趁着酒兴跳出来，口占了一首打油诗：

海棠桥头子，开个幺店子；一张方桌子，中间挖洞子；洞里生炉子，炉上安锅子；锅里熬汤子，食客动筷子；或烫肉片子，或烫菜叶子；吃上一肚子，香你一辈子。

“子子”相扣，一韵到底。你若用四川话读，更有感觉，更能领会重庆火锅的特色与精妙。

此人叫郭沫若。他一张嘴，就把李文骏的桥头火锅送上了人生的高潮与巅峰。

1957 年前后，桥头火锅并入了南岸区饮食服务公司，移到上新街继续经营。

在国营大背景里，很多小品牌、小手艺悄悄消失了。就像一条大船，出得了海，游得了河，却未必过得了桥。李文骏并未因此迷失，他把一生的手艺和心血都传给了素不相识的徒弟。这个叫尹学臣的徒弟也对得起师父，他把桥头火锅当成了自己的事业来做，一做就是半个世纪。

尹学臣拜师时大约 16 岁。1989 年，已是国家级烹饪大师、调味师的老尹也收了一个徒弟，真巧，这孩子也是 16 岁。

熊孩子李波最感兴趣的事有两样：一是吃饭，二是做饭。没办法，外公和舅舅都是厨子，连老妈也是饮食服务公司的职工，全家都以“吃”为生，你叫他往哪里去？所以初中一毕业李波就“放弃治疗”了，跑到外公和舅舅工作的某高校餐厅帮厨。干什么无所谓，只要闻着饭菜香，他就觉得周身舒服。

老妈认输了。好吧，既然你这么想当厨子，那就成全你。再找个大师当你师父，满意了吧？满意满意，相当满意。李波欢天喜地跑去见师父，师父却只是淡淡地说：

“先从杂工开始吧。明早 3 点起床，跟我去大阳沟。”

大阳沟，30 年前解放碑最有名的农贸市场，各地的新鲜食材都会在半夜被运到这里出售。李波的第一课，就是起早贪黑学选材。比方说毛肚，最不易保鲜，因此有人用上了福尔马林，你一眼看上去又鲜嫩又劲道，哪里知道背后的肮脏。

所以选毛肚不但要看厚薄，还要看颜色，往往是那种看上去有点惨的，才可能是新鲜健康的。还得闻味道，没有一个对药水过敏的鼻子，容易上当。

李波就喜欢干这个。有段时间他的舌头一直僵硬麻木，原因是每天都要尝大量花椒和豆瓣。要当大厨，舌头不做出牺牲，那怎么行。

1993 年的一天，20 岁的李波终于听到师父说："你去做底料吧。"

火锅底料制作，是一个十分复杂的味觉系统工程。你必须对不同佐料进行精确的排列组合，才能得到理想的味道。

比方说蒜和姜，或者辣椒与花椒，入锅顺序一定不能错，否则味就会乱。再比方说，菜油本味浓烈，很可能会破坏整个味觉生态，所以呢，得用色拉油进行初期炒制。

动辄几十种料，李波必须牢牢记熟每一种的属性特征、入锅顺序和炒制时间。上学时背课文、背公式多苦啊，还是这个好，一背就来劲，一考就兴奋。

该上手炒料了。各色调料围着锅摆成一圈，有郫县豆瓣、永川豆豉、石柱红辣椒、贵州小米辣、茂汶青花椒、本地冰糖与醪糟，还有上等的牛油和色拉油。

起初要按顺时针或逆时针方向摆，这样就不会乱。等练到师父那个段位就无所谓了，管你怎么摆，头也不抬就能伸手一舀一个准；甚至连眼都可以不睁，到时间了，自然就知道该不该请下一道料登场。

好像光凭鼻子，大师也能闻到路在何方。

料炒好了，就得加汤熬制了。一定要用上好的猪牛肉或鸡肉先熬出一锅靓汤来，这样才能给锅底穿上一件厚度足够、雍然得体的外套。

锅端上桌，食客们烫着烫着，味道还会发生变化。为什么有的火锅越吃越苦？因为用了劣质花椒，所以烫到后面花椒的苦味就会爆发。即便是优质花椒，也只不过是更耐高温一点而已，没法避免。

那怎么办呢？加酸，因为酸能中和碱，就这么简单。可并不是直接加醋这么LOW。一个优秀的调味师一定会根据食材相生相克的原理，加入比例精准的另一种料来熬救。

从李文骏开始，桥头火锅就一直坚持为客人免费中途调味，传到李波这一代，依旧如此。李波说这才是一个非遗项目该当传承的精髓：

什么叫传统？什么又叫道德？就是在客人的每一个需求里，都使足你的看家本事。

李波童年的时候，餐厅从上新街搬到了南坪工贸，正好矗立在石板坡长江大桥南桥头，挂出招牌来，还是不折不扣的“桥头火锅”。

当李波也成为大师时，桥头火锅几经沉浮，又搬到了南滨路东水门大桥南桥头，遥望发源的海棠溪，总算还守着“桥头”没撤退。

最近几年，李波没日没夜地奔波在全国各地指导人家开店，桥头火锅却因为东水门大桥通车而再次离开。这一次搬到了渝北回兴，再也无桥可依。

这可能是老店一百多年历史上的又一次危机。什么时候能回到南滨路，回到发祥的福地呢？

李波只能继续奔波。东到济南，西到伊犁，北到珲春，西北到嘉峪关，南到南洋新马，桥头火锅在国内外有两百多家加盟店，每一家他都必须去帮忙。一年里他得至少出差160天。一家店最多待三四天，就要赶往下一家。两百多家店轮一遍下来，三四年就过去了。

接下来又是新的一轮。

跑啊跑，20岁少年跑成了46岁大叔，往后还得接着跑下去。先辈的故事早已烂熟于胸，所以李波相信一个道理：只要不停奔跑，那么船到桥头的时候，自然会直的。

重庆市级非物质文化遗产
南泉豌豆面传统制作技艺
传承人
舒家华
六十一岁
从业四十三年

三分天下，我居其一

南泉豌豆面传统制作技艺

CHONGQING BAOBEI
MEISHI

素小面、豌豆面、杂酱面，构成了重庆小面的“基本面”。有了这三碗面，再加上自然衍生出的“豌杂面”，就可以开一个成本最低的小面摊了。

豌豆面做起来不难，但要将豌豆煮成极品，却是难上加难。能精准拿捏豌豆分寸的人，必定是能在重庆小面史上占据一席之地的人物。这样的人物，当然有资格用自己的名字来命名他的面，大家都会认账。但是，请记住——这并不算最牛的。

最牛的人走到哪里，哪里就是他们的天下，整个地盘，就是他们的符号。就好比你要让人肃然起敬，完全不必“大汉丞相、领益州牧、署司隶校尉、假节”什么的嘚啵一大堆，只需略带羞涩地说一句“南阳，卧龙岗”就够了。

1945年前后，一对来自泸州的夫妻在重庆城扎下根来。数年后，每逢有人问到他们的身份、职业，他们都会略带羞涩地说一句："南泉，豌豆面。"

闻者立刻肃然起敬。

杨海宁、王运章夫妇来自遥远的下江，也就是江浙沪一带。如果从"海宁"这个名字来推断，老家应在浙江嘉兴那块儿。

他们从老家跑到四川泸州的原因，自然是抗战爆发。这是川渝历史上又一次大规模的人口迁入，跟三百年前的湖广填四川一样，促成了包括饮食在内的文化大融合。

杨海宁做得一手好面。妻子王运章则擅长调味，妙不可言。总之，这是个小面界的神雕侠侣组合。凑巧，也姓杨。

抗战结束后，夫妇俩决定到重庆去闯一闯，于是一路走到了南泉。这是一个温泉度假胜地，因为地势隐蔽、植被茂密，安置了大量军政机关和大学，餐饮需求相当旺盛。

很快他们就火了。当地人记不住他们的名字，只记得他们的面。口碑传来传去，落到了简单方便的"南泉"二字上，只要一说南泉豌豆面，就是他们家。

1957年公私合营的时候，夫妇俩凭手艺和名声进入区饮食合作商店，成了技术骨干。

1962年，很困难的一年，店里一个女同事突然有儿子了。

这儿子并不是她生的，一进门就已4岁了。小朋友家在渝中半岛火药局街，因为家里实在揭不开锅了，便被过继给了父亲的一个亲戚。对，就是店里那位女同事。

新妈妈经常上夜班，只能把儿子锁在家里睡觉。可老房子一到夜里就老鼠乱窜，把小家伙吓得屁滚尿流，后来只要妈妈出门，他便死抱住大腿号啕大哭，说什么也不干。

没办法，只好带着儿子上班。妈妈忙自己的事，四五岁的小孩便在店里四处卖萌耍宝，出尽了风头。膝下无子的杨氏夫妇，竟然被他唤醒了内心深处的某种情感。

他俩是真疼这孩子，分到手的食物自己舍不得吃，总要眼巴巴地等到那萌宝来了，才满脸堆笑地招手：

“华华快过来，有好吃的哟！”

华华大名叫舒家华。他也很喜欢这两口子——一个杨大伯，一个王嬢嬢，都拿他当亲儿子。

初中毕业那年，大概是1974年，舒家华没有再上学，天天跟着妈妈去店里玩。因为从小喜欢吃面，自然最喜欢看大伯和嬢嬢做面。

大伯制面的手艺，并不受原材料的过多限制。即便只是普通小麦粉，加水的比例、揉面的手法、醒面的技巧、拉面的讲究、晾晒的时机……学问照样深得很。

嬢嬢的手艺也很有看头啊。就说这豌豆吧，必须是上好的大白豌豆。每天下午5点开始泡足12个小时，第二天凌晨5点才能煮豆。她会加上猪大骨，用鼎锅、文火细细地煨上起码两个小时。

嬢嬢说这样豌豆才有魂，从豆子里浸出的每一滴汁液，才会既黏稠又不腻，还有着丰富的味觉层次。

煮好后千万别急着动它们！一定要让豆子待在锅里好好收一下汁，这更有利于保持原本的形态。豌豆看上去颗是颗、粒是粒，其实呢，内心早已是一片迷人的翻砂状，入嘴就化。正所谓：

金灿灿，粑噜噜，热烙烙；抿就烂，满口沙，过齿香。

这是豌豆面的最高境界。

1976年，18岁不到的舒家华顶替妈妈进了饮食

合作商店，餐饮才华从此一发不可收拾。

那时候，店里切面的机器是用锯片，就那么一下一下地切，切到最后总要留一截桩子，很是浪费。舒家华从小就看不惯这个，早就想出了解决方案：把一块锯片改成两块刀片，通过调整刀片间距和接面簸箕的移动速率，就能确保整齐划一、不留残余。一试，果然很灵。

再比方说孃孃打佐料。最多时，她可以一只手同时叠五六个中号面碗，从手指到小臂全用上；另一只手就在各种料盆里一阵抓取——辣椒、猪油、酱油、麻油、蒜汁、姜汁、葱花、榨菜粒、芽菜末、花生、芝麻、味精、盐……动辄十几种佐料，孃孃单手穿针引线，此起彼落，一阵风似的就能把五六个碗全搞定，中间毫无卡顿、毫无错漏。

舒家华青出于蓝，单手能上七八个碗，要是换成担担面那种小号面碗，那就能同时托着十几个碗打佐料。盛上面后，还能托着同样数量的碗一路小跑，直接送到客官面前。真像在耍杂技。

今天当然不行了，都六十多了。不过碗的数量打个七折的话，老舒仍然表示无压力。

不久后，大伯和孃孃也退休了。这对离乱年代逃难而来的苦命鸳鸯，把舞台正式交给了下一代。

饮食合作商店职工不多，领导看来看去，只有那个半大孩子可堪重任，便任命他当负责人。舒家华这辈子做事的霸气，应该就从这少年得志时开始。

然而霸气不等于让别人服气，要真让人服，还得靠干活。

每天中午食客散尽后，职工们能休息的都去休息了，擦桌子的活就交给了领导。这活跟家里擦桌子可不一样：那么多轮食客吃下来，桌椅缝里都是油污，你必须背着桌椅下坡下坎地去到花溪河边，用河水一点一点冲刷干净，再一路上坡上坎地背回来。

从 4 岁起，舒家华每天就看着大伯和孃孃那么背呀、洗呀，直到背也背驼了，手上茧子也连成片了。他们说这是厨子的命，不认这个命，就不配在这一行混成大厨。

舒家华想当大厨，并不怕吃苦。可南泉这小店岂是久居之地？1982 年，他申请调到了市里的种子公司，去做一个更大的厨房。

他可不是只会做豌豆面。南泉的店再小，那也涵盖了面食和各类中餐；而身为一个领导，必须得是全能选手啊，更不要说管理经验了。在餐饮这行，手艺精、管理强，就是一个行政总厨的节奏，哪儿都会抢着要的。

1990 年，舒家华停薪留职去了海南，到一家叫作“川粤大酒楼”的饭店当主厨。正是在这里，他用川菜手艺换来了粤菜手艺，成了一个川菜、粤菜都玩得转的牛人。

离开海南后他浪迹天涯，广州、深圳、新疆、内蒙古、北京……都是去各地的星级酒店做主厨或总厨。一二十年下来，心得可以归结为两个字：创新。

管你什么川湘鲁粤、红案白案，管你什么色、香、味、刀、火、形，一个真正的大厨，必定要靠创造而不是规矩扬名立万，对吧？

舒家华的菜，脑洞总是开得让人猝不及防。比方说，1998 年哪部电影最火？当然是《泰坦尼克号》。他火速蹭上热点，推出了一款“泰坦尼克爽凉瓜”，取材于男女主在船头凹出的经典造型，撩得众食客哇哇大叫，实在不忍亲口吞噬这凄美的爱情。

所谓创新，在于创意；所谓创意，在于表达。食物的视觉形态是一定先于味觉被食客感知的，所以说塑形真是考验一个大厨水平的重要标准。

从 1987 年南泉饮食合作商店谢幕，到 2012 年舒家华开面馆，正宗南泉豌豆面已沉寂了四分之一个世纪，是时候让它以华丽的姿态回归了。

大约从 2006 年起，舒家华逐渐转做培训，前后教出了上千个厨师。幕后做久了又想亲手搞点事，不过年纪大了，跑不动了，做个小面馆刚刚好，不累。

记得我们在万州杂酱面那一章里说过什么吗？全重庆的小面馆加起来，有7万多家，都会做豌豆豌杂。那么，同样的两碗面摆在食客面前，如何让人一眼就拎出南泉豌豆面来呢？

你的豌豆炖得最地道，你的面条最劲道，你的佐料最霸道……都没用。2012年以后的世界，是一个看脸的世界，颜值就是生产力。所以你必须通过创造性的塑形，让南泉豌豆面在7万碗面里一看就独一无二。

舒家华这样干：一碗干溜面，用一个不锈钢模具，有点像奔驰三叉戟车标那种，往面上一扣，再铺韭菜段、杂酱和豌豆。一共三格，一料一格。

今天，如果你有空去南坪老长途汽车站旁边的那家小面馆，稍坐片刻，就能看到这碗面的模样：韭菜青绿、豌豆醇黄、杂酱金黄，三个饱满的色块盖满面碗，看不到面，也看不到佐料。你捧着一块赏心悦目的画布，舍得往嘴里放吗？

总归是要入嘴的。豌豆的口感不必多说，那些金黄的肉酱吃进嘴里，你也一定会清晰感受到一根根小肉条在欢快地舞蹈。舞着舞着韭菜的清香袭来，舞台上又是另一番景象……

舒家华给这碗南泉豌豆面起了个名字：三分天下。

“三分天下”悄悄蹿红了。2016年，舒家华凭这碗面在媒体举办的“麻辣面对面”美食大赛中拔得头筹，成了重庆小面界宗师级的人物。他去伦敦参加餐饮交流活动，三天卖了上千碗面，连老外也吃得很爽。

从18岁当店长开始，舒家华早习惯了当老大：“啷个？难道不该是我吗？”要真回到三分天下那个年代，他认为最次也得分个蜀汉给他干干。

然而霸气底下，总得铺垫很多的东西。你们光知道面条劲道，不知道为了找到最好的糯小麦原料，舒家华跑过多少地方、吃过多少苦头。

发、揉、醒、切，所有流程都必须由他监督，这样才能做出既劲道又自带麦香的面；你在网上下单，让人家顺丰快递过来，三天之内，这碗面也不会粘连起坨。

你们光知道那海椒够香，不知道老舒背后的坚持——都是用机器处理，用切割法一天能做一二十吨，要是用舂捣法的话，最多就两三吨；不行，用机器也得给我一下下地捣。只有捣出来的辣椒，每一个断面才会呈开放状而不是截断状，你用油煎的时候，味道才能融进断面，达到极致。

再天才的创新，也得从最老实的规矩里来，偷不得懒、取不得巧。这就叫辩证法。

回归面馆这几年，舒家华脑子里又冒出一个霸气的计划：

把包括南泉豌豆面在内的重庆著名小吃整合起来，方圆每三公里范围开 8 家店，每家店都有 8 个档口，每个档口又起码保证 6 ~ 8 个品类，例如某某面、某某凉粉、某某口水鸡、某某肺片……

所有菜品都用统一的料包来合成。料包当然由他搞定。那么谁来跑第二棒？每三公里区域都搞一个中央厨房，统一制料、统一配送。店里哪怕雇的是不会做饭的大学生，也能轻松做出一碗靓面。

这是一个覆盖全城的重庆小吃嘉年华。

听上去，有一点点像万州杂酱面传承人李庆刚的搞法。不同的是，万州老李背靠强大企业，已经成了事；而南坪老舒呢，还仅仅只是一个计划而已。

这个计划要成，他算一方，还需要一个投资方和一个合作执行方。不管怎样，在这个三方格局里，必须有他的位置。

“那些不懂我的人，尽管嘲笑吧。管你们怎么笑，我就是个蒸不烂、煮不熟、捶不扁、炒不爆、响当当的一粒铜豌豆。”

重庆市级非物质文化遗产

贾氏桂花酒传统酿造技艺

传承人

贾紫焰

七十五岁

专注酿酒五十余年

等到桂花化美酒

贾氏桂花酒传统酿造技艺

重庆南岸龙门浩，马鞍山 120 号。

铺满黄葛树浓荫的街道外，车水马龙。这是一段典型的重庆老街巷，背靠南山，面朝长江，人声喧闹，在高楼大厦的缝隙里保持着特立独行的腔调。

稍不留神，你会错过街边一个蒸汽弥漫的包子铺，这个包子铺在楼下的一个巷口里。穿过巷口，沿十多级石阶蜿蜒而上，再穿过头顶上那些迎风招展的内衣外裤，你就会发现——

紫焰桂花酒厂，原来是一个安安静静的小院。75 岁的贾紫焰就坐在这个安静小院里，和他心爱的 160 缸桂花酒一起，等你光临。

窖藏不满三年，绝对不会启封，所以那160缸里一大堆10年、20年以上的老酒。最老的一坛，已陪了贾紫焰53年。

贾家家谱明确记载，第一缸桂花酒酿于1909年，大清的倒数第三个年头。那是贾家桂花酒作坊的首秀。

在这之前，贾紫焰爷爷的哥哥贾同禄并不会酿酒，而是跟随一位叫杨东才的药铺先生学医。杨先生曾在清军里做过医官，医术不凡。

学医五年，贾同禄早就发现师父家传的桂花酒特醇、特香，喝过的人都说好。那时候贾同禄很辛苦，天天帮着师父收集桂花、抬酒、加药、下窖，苦活、累活抢着干。有一天，已经出师开起药铺的贾同禄去拜望师父，正好遇到师父在酿桂花酒，他没拿自己当外人，二话不说就上前帮忙。

望着徒弟头上密密麻麻的汗珠，杨东才心中一动。干完活后，他把贾同禄叫到身边：“我观察多年，你是忠厚人，为师便把祖传桂花酒的手艺，尽数传与你吧。”说完，一边写一边讲解，把自己所创桂花酒的酿制发酵、用药配伍等要诀，倾囊以授。

杨东才最看重贾同禄的是这徒弟沉稳大气，能耐得下性子、守得住寂寞。这太合适了，因为他的桂花酒手法工艺虽然繁多，但诀窍就一个字：等。

贾同禄学到师父酿酒手艺后，又传给了弟弟，也就是贾紫焰的爷爷贾占魁。跟师父当年一样，他也对弟弟千叮咛万嘱咐：做这个酒急不得，早一天启封都不得行，该等多久就得等多久。

民国年间，贾家桂花酒在南岸峡口大田村香飘四方，家门口的18棵桂花古树更是亭亭如盖、花香宜人，成为酒坊最好的原料基地。

每年9月，贾家都要从树上采摘300斤桂花用来酿酒。公私合营大潮中，私家酒坊自然是不能开了，不过贾家的技艺仍然在贾家内部流传，没有变成国营或集体企业的资产。又过了几年，贾家门前的 18 棵桂花古树都被砍掉拖去炼钢了。

但是，贾家蒸酒的炊烟一直没有断过。贾紫焰说，其实就是家里人偷偷酿一点酒，趁赶场的时候，拿到集市上去偷偷地卖。因为贾家的桂花酒实在香甜醇厚，那时很多乡邻都愿意偷偷买上一点桂花酒，在苦涩的岁月里聊以自慰。

跟着父亲学酿桂花酒时，贾紫焰 20 岁出头，到现在他已经 75 岁。半个多世纪来，除了酿酒，他没有做过其他任何工作。父亲临走前对他说："既然你叫紫焰，我们家的酒，以后就叫紫焰桂花酒吧。"

这棵桂花树王，树龄已经 200 年了。

今天，若你想品到一杯紫焰桂花酒，到底需要等多久呢？

每年 7 月上旬，东北黑土地上大片的高粱熟了，收割完毕后，它们会被贾紫焰运到重庆广阳岛的一间酿酒作坊里。头尾不要，精心拾掇，再经过一番传统方法酿造，60 度的纯正高粱酒便被装进酒缸，静待第二次华丽变身。

很快便是 9 月，南山腹地半野生状态的桂花林进入了盛花期。每到清晨 7 点，贾紫焰和同伴们就会戴上口罩来到桂花林中，在树下铺上白色棉布，然后摇落桂花。大簇大簇的金桂银桂落英缤纷，散发出迷人香气。

采花人必须戴口罩，因为人的呼吸气息会影响到桂花的芳香。这可是贾家酿酒的规矩之一。

贾紫焰把撒满桂花的白布包裹起来，迅速送到山下的紫焰桂花酒厂。这个过程一般不超过两个小时，主要是为了避免香气散失，防止桂花上锈变质。

每 100 斤桂花被放入一只桂木桶中，撒上白砂糖和秘制调料，再用专门的桂木棒搅拌均匀，最后盖上桂木盖，桂花便进入了似睡非睡的发酵时间。

发酵时间有多长呢？等足 6 个月。6 个月后，桂花们就会在桂木桶里蜕却美丽的衣裳，变成一堆堆不起眼的褐色花砖。

看到这样的花砖，就说明发酵已到位了。给桂花配上各种地道的药材、冰糖、蜂蜜，再加上 60 度纯正高粱酒，每缸 1000 斤的紫焰桂花酒便正式进入窖藏时间。这一藏，最少得 3 年。从运回东北上等高粱算起，你要喝到最低标准的紫焰桂花酒，得耐心等上 4 年。

在这 4 年里，贾紫焰会忙得脚不沾地，需要操心的事太多了。

桂花酒下地窖藏，对地下的泥土就有讲究。最底下一层是细黄泥，细密绵扎、不易渗漏；中间一层是白善泥，这种俗称“观音土”的粘土矿物，

富含硅锌镁铝等矿物质，有助于酒体发酵并产生有益物质；上层则是泡砂石，不光可以随气温热胀冷缩，并且渗透性很强，便于窖藏期间撒料。

三种泥土，让贾紫焰跋山涉水找得苦不堪言，其中最难找的白善泥，在重庆几乎已经绝迹。

撒料就很神秘了，贾紫焰从来都是亲力亲为，不让别人插手。简单来说，就是每隔一个月或几个月，定期给每缸桂花酒四周撒上一种特别配制的液体。这种辅料会撒在每口酒缸周围的泡砂石上，据说渗漏下去之后，对酒缸里的桂花酒有浸润之功。

等待期间最辛苦的事，则是翻缸。

每缸桂花酒浸泡发酵到一定时间，老贾就会悄悄唤醒它们，给它们挪个地方。就像冬眠的动物会被春天唤醒：盼望着，盼望着，东风来了……起来，踢球打滚啦!

沉睡的桂花酒被贾紫焰一缸一缸地唤醒，转移到另一个大缸中，继续酣睡。这活很累人，得一桶一桶地把酒舀出来，倒进另一个大缸；一百多口酒缸，16 万斤酒，全部翻一次，神仙都得累垮。

每缸桂花酒成熟前要翻三次缸。60 度的酒精度，翻缸三次成熟后就变成了三十多度，极宜入口。

三年冬眠里，还能有三次春天般的唤醒，让你越睡越美。把桂花酒换作你，你会不会痛并满足着?

在贪睡赖床的桂花酒面前，贾紫焰就像一个慈爱的父亲，满脸笑容地伺候着，无怨无悔。3 年，5 年，10 年，20 年，53 年……这些娇贵的年份酒哪像孩子，全都是他的小祖宗。

每年贾紫焰只卖 4 缸桂花酒。其中，3 年、5 年的酒，香甜可口，最是让人爱不释手；而 10 年、20 年的酒，则没有什么甜度，只剩下酒香、花香，有点大巧若拙的味道。

若是那坛50多年的老酒，必定是酒色金黄、晶莹剔透，倒进酒杯，犹如琥珀的酒液会挂住杯壁，缓缓流下，品相不比什么82年的拉菲差。

等待，就是岁月的闹钟。别看它总是蛰伏，漫长而无声无息，其实都是在为时机到来时那声轰鸣而铺垫、蓄力。

每年卖掉4缸，贾紫焰会补酿4缸，这样他的酒窖便始终保持着160缸的数量。前几年，老人陆陆续续给自己的4个孙子酿了8坛桂花酒，精心窖藏起来。他说，等到孙儿们结婚的时候他就开坛，婚礼上大家都喝这些酒。想来那时候，也都是20年以上的佳酿了。

夜色渐深，马鞍山120号门前依旧熙熙攘攘。贾紫焰巡视完酒窖，回到卧室，倒上一杯桂花酒，五钱，轻啜一口，开始闭目等待。

也不知他在等孙儿的婚礼，还是等下一次美酒开坛。

这是贾紫焰给孙辈们酿的桂花酒，等到他们结婚时就开坛。

重庆市级非物质文化遗产

『白市驿板鸭』传统制作技艺

传承人

任明贵

五十二岁

从业三十年

千里相逢的盛宴

『白市驿板鸭』传统制作技艺

春水乍起，万物萌动。在秧苗移栽到大田的时节，赶鸭棚子的小伙子动身了。

所谓“赶鸭棚子”，是巴蜀乡间对放鸭子的俗称。放鸭人挑着鸭棚子，手执长竹竿，赶着成群的仔鸭在稻田边走边觅食。鸭群以水草蚌螺、小鱼、小虾为食，从一块田走到另一块田，晚间把鸭棚子一放，就地让鸭群过夜。

从春季到仲夏，这个看起来无比浪漫的场景，不断出现在四川遂宁、贵州桐梓、重庆綦江……那些青绿连绵的稻田中。这些鸭棚子的最终目的地，都指向同一个地方——重庆白市驿。

一路走，一路觅食，三四个月下来，麻鸭仔正好长成两斤多至四斤的成鸭。这个重量的麻鸭，肉厚油肥，正是制作白市驿板鸭最好的材料。

与重庆相距三百多公里的成都，除了鸭棚子这样有趣的迁徙放养方式，还有一种历史极为悠久的制鸭技艺——板鸭。

民国二十六年（1937）的《巴县志》记载道：“至乡镇间小工业，四十年前……白市驿之熏鸭，……皆手工业也。”由此推算，白市驿板鸭已有上百年历史。

而白市驿板鸭传奇人物曾树云老人的说法和县志上的记载又有相互印证之趣：

清同治年间，白市驿宰牛师傅张金山，在成都见到“卞一芳”饭馆挂着用竹片绷衬、未经熏烤的风干白鸭，于是就买回几只，与开烧腊店的杜三毛等人，仿照“卞一芳”的做法，将风干鸭用谷壳、柏枝烟熏加工。经过多次试制，反复改进，他们竟做出了一道别具风味、青出于蓝的白市驿板鸭。

那么，成都“卞一芳”饭馆的板鸭，又来自何方呢？翻阅历史记载，你会发现食物的流转与人的迁徙，是怎样一种相互依存、随处生根的关系。

梁朝人吴均写了部《齐春秋》，说板鸭始于六朝，当时用荷叶裹之，以为军粮，称“荷叶裹鸭”，即为最早的板鸭。

六朝距今1500年了，那会儿有没有板鸭，不好说。但清代乾隆年间的《江宁新志》却言之凿凿：“购觅取肥鸭者，用微暖老汁浸润之，火炙，色极嫩，秋冬尤佳，俗称板鸭。其汁数十年者，且有子孙收藏，以为业。……江宁特产也。”

江宁，南京别称。在明清两朝，南京板鸭可是不折不扣的网红级美食。

除了老百姓趋之若鹜，南京板鸭还是官员互访时赠礼的首选，号称“官礼板鸭”。到后来，南京地方官员还要挑选质量较好的新板鸭进贡皇室，所以又称“贡鸭”。

你看，下至平民百姓，上达贵族皇家，都是这板鸭的超级粉丝呢。

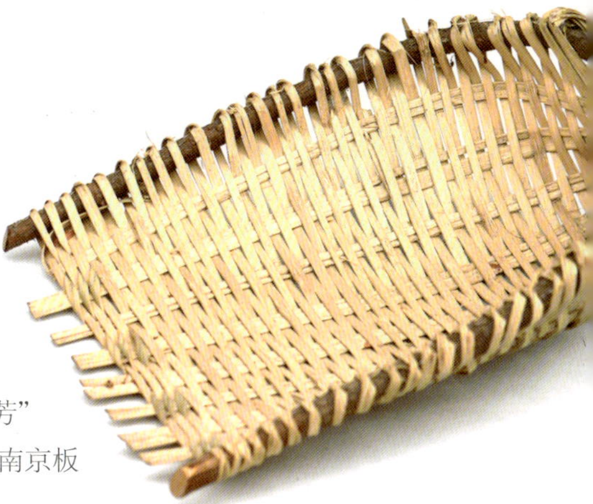

不过，在交通不便、山川难逾的明清两朝，南京板鸭即便已红遍江南，跟偏僻的蜀中古驿站白市驿有关系吗？

有关系的。至少成都“卞一芳”饭馆的风干板鸭，做法、形态与南京板鸭几乎没有区别。

又得说到明末清初那场影响了中国近现代历史的人口大迁徙——湖广填四川。

从人文意义上讲，川渝两地如此多娇，得益于历史上的多次大移民。单说味道，川菜的一菜一格、百菜百味，探究源头，无不指向移民所带来的饮食文化的流转与融合。

白市驿，这个成渝古道上的寂寂驿站，就是在湖广填四川那会儿与千里之外的下江结了缘。

不管是来自成都的“卞一芳”，还是传说中张献忠入川后民众带着鸭子长途离散，板鸭的出现有一个硬道理：易于保存，方便旅途携带。而白市驿作为成渝之间有名的驿站，古往今来就是旅人扎堆的地方，重庆最早的机场就建在这里。试问，板鸭不在此地沉淀，又能去往何处呢？

1989 年，一个叫任明贵的白市驿小伙，出现在了板鸭发展史上。

那一年，22 岁的任明贵进入白市驿板鸭厂，拜马兴华为师，学习制作板鸭。马兴华师傅做了几十年白市驿板鸭，身负传统板鸭制作绝技，在板鸭厂当过二十多年车间主任。

任明贵至今都记得，师父很严格，每道工序都会不厌其烦地跟你讲，然后让你独立操作。比如熏烤的灶火，行话叫铺火，底火是稻草谷壳铺底，怎么样撒谷壳，既要谷壳闷燃还不能见明火，而且火还要均匀……如果操作过程中有一个细节出错，都会被师父骂。

光是铺火，任明贵就学了半年。

马兴华沉默寡言，有时候做一天的鸭子，说话也不超过三句。话虽少，他的严格认真是出了名的。

比如拔毛。鸭毛没拔干净，或者把鸭皮扯烂了，马兴华就会骂任明贵，一直骂到他怀疑人生。比骂人更可怕的是不骂，那代表师父的愤怒指数爆表了。有一回任明贵把鸭子做臭了，师父瞪了他一眼，整整一天没说话，把任明贵吓得大气也不敢出。

师父的要求是：你做的板鸭必须三年不臭不腐，才能出师。任明贵没有别的法子，只有细细回忆师父讲的每一个操作细节，自己琢磨问题出在哪儿，以后不再犯同样的错。

日本匠人秋山利辉说，匠人的自我修养，首先是“守”。从跟着师父修业开始，就要模仿师父的一切，例如心理建设以及学习生活态度、基本训练、程序、心得、技术等。

其次是“破”。要将师父传授的基本形式，下功夫变成自身的本领。一边摸索、一边犯错，在师父的形式中加入自己的想法。

最后是“离”。从师父那里独立出来，开创自己新的技艺和境界。

任明贵用了整整五年时间，才完成“守、破、离”，正式出师，成了一名白市驿板鸭师傅。他永远记得出师考试的细节：划砍鸭子考一天，腌渍鸭子考一天，熏烤鸭子又考一天……

任明贵完美地通过了考试。师父罕见地露出了笑容，那意思好像是说：行了，做一手好板鸭，就是你任明贵这辈子的使命。

任明贵站在操作台前，开始做板鸭。

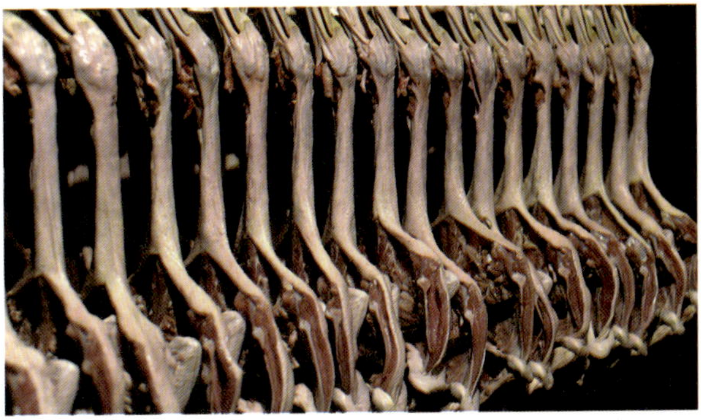

白市驿板鸭，基本只选三斤左右的麻鸭，宰杀拔毛后立即放进大缸浸泡漂洗，浸泡的水必须使用井水——进入冰凉的井水降温，是做一只好板鸭的前提条件。

再来看划鸭子。鸭头对剖，鸭脖筋膜划开，鸭尾筋膜划开，肋骨刀尖划断，锁骨关节砍破，胸骨与肋骨必须划开，鸭腿用刀尖划进，鸭脾必须划破……算起来，一只鸭子要划 12 刀之多，全凭经验操作。

一个小时，任明贵最多可以划完 150 只鸭子。这就是说 60 分钟内，他要眼花缭乱地划出 1800 刀，刀刀精准，鸭身骨骼完全散开呈扇形……

然后用井水漂洗，立挂沥干水分，进入关键的腌制环节。

配好的香料、花椒和盐，都必须用手掌和手指一一送入鸭头鸭脖、鸭胸鸭腿。这个过程不光是让板鸭各个部位腌制到位，也是给鸭子做一次全身按摩。所有的功夫，都体现在手上，该轻该重，该快该慢——即便像任明贵这样的老师傅，你仔细看他的手，都能看到手指被鸭骨刺破的伤痕。

腌制两三天后，就要踩鸭子了。

任明贵们会穿上厚底的苎麻鞋，把腌制好的鸭子泡到井水里，然后开踩。穿厚底苎麻鞋，主要是怕脚被鸭骨刺伤，而踩鸭子主要是通过充分的物理挤压，让盐分和水从鸭身体内褪出来，让鸭肉一层层更紧实致密。踩鸭子的数量也是有讲究的，必须踩一次换一次井水，咸淡适中的窍门，就在这里。

然后是绷鸭子、风干鸭子、熏鸭子……十多道工序，漫长的时间，哪一个环节都马虎不得。

白市驿板鸭独特的腊香、酱香味，来自不同季节配比不同的二十多味香料。

最早做板鸭的师傅们并不保守，反正香料都是那些东西，无密可保。关键在于一年四季不同时辰香料的取舍、配比，那才是核心机密。直到今天，白市驿板鸭的香料配方，也只能是掌门师傅关门闭户悄悄调制。

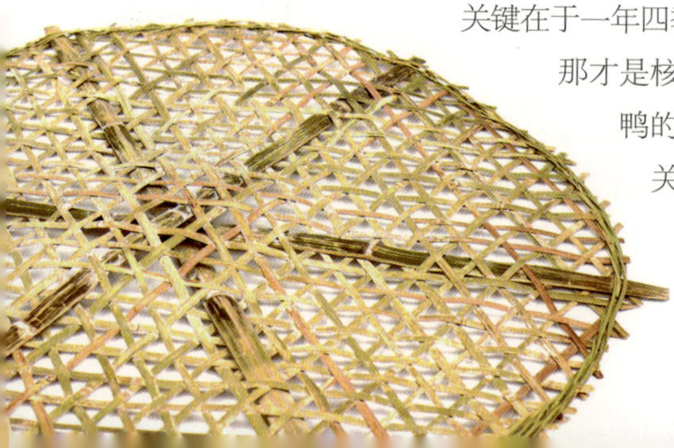

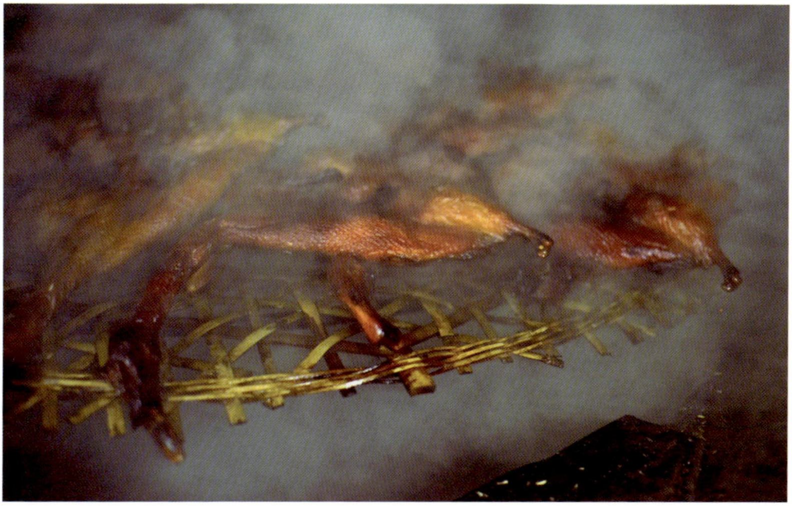

任明贵也是如此。他用的某些香料十分罕见，但用好了，大是益味增香。

除了香料，绷鸭子、熏鸭子也很关键。

12 刀划破鸭子全身骨节，为的是便于把整鸭用竹片绷成一个薄薄的蒲扇形。而青竹片支撑绷张的整只鸭子，必须皮张完整，不得有任何破损。这样的板鸭风干之后，才可进行熏制，让浓郁的腊香味进入肉中。

板鸭悬挂，形如一只薄薄的琵琶，形态对称完整，肉质玫红，肥瘦适中，色泽金黄，香气扑鼻。如果把板鸭对着灯火，你会看到皮肉紧绷薄浅处可以透过光亮，仿佛一张红色喜庆的春联纸。

戴着 700 度眼镜的任明贵面色淡然，他觉得，正宗白市驿板鸭就应该是这么漂亮啊。

任明贵性格随和，厂里的小伙子都愿意跟他玩，闲时，还摆上象棋杀两盘。他和我们身边的任意一个路人甲一样，平实、克己、木讷，准时上班下班，家长里短，柴米油盐。

可这位路人甲，却是一位大师。

重庆市级非物质文化遗产
谢氏烧烤传统制作技艺
传承人
谢文利
五十七岁
专注烧烤四十年

美丽的反应

谢氏烧烤传统制作技艺

1912 年，法国巴黎。一个叫 L. C. Maillard 的化学家在实验室里发现，用甘氨酸和葡萄糖加热后会得到一种褐色物质；这个反应的过程不仅会影响食品的颜色，也会形成食品的香味。

这个浪漫的法国人很可能用一块生肉来做过实验。众所周知，生肉没有香味，只有腥味。可是一旦加热，不管是蒸煮、烘焙还是烧烤，它只要没变质，必定会呈现迷人的色泽，散发出诱人的肉香，刺激你的各种神经。

这就是著名的美拉德反应。之前在“东溪豆腐乳”和“永川豆豉”里，我们见识过它的手段。

今天的故事，就与这个法国人无聊而又浪漫的反应有关。

法国人做实验的同时期，某一天，中国长江三峡陡峭的江岸上，一群拉纤的汉子饥肠辘辘，在山野间寻找食物。红薯、茄子、玉米或者蛙、蛇，都是他们的目标。一旦寻获目标，他们会在江边垒几块石头生火，用竹签或铁架穿上，烧烤充饥。

这一天纤夫谢有益运气特别好，他居然在一个荆棘林里发现了一窝小野猪。宰杀洗净后，小野猪变成了金黄焦香的烤乳猪。谢有益和纤夫兄弟们大口吃肉、大口喝酒，枕着峡江的风霜宿醉了一场。

梦醒之后，谢有益实在难以割舍昨夜的美味，他决定了：一有机会就去摆个烧烤摊，肯定比拉纤更赚钱。

很快他就实现了这个梦想。民国初年，谢有益在重庆望龙门附近开了一家小小的“烧猪馆”，烧乳猪、烧鱼、烧鸡，因为烧烤技法和味道独特，生意相当火爆。重庆城是码头袍哥的天下，结拜、祭祀、敬神、吃讲茶……好多人都请谢家烧猪头，最忙的时候，店里一天要烧制十多头烤乳猪。

解放前夕时局动荡，谢氏烧猪馆被迫关门歇业，一歇就是几十年。不过架不住美味的诱惑，即便是后来的困难时期，也总有人用悄悄节省下的肉票搞来一点猪肉，请谢有益的孙子上门去烧制。

这时候，谢有益的孙子也有了个儿子，名叫谢文利。父亲去帮人家烤肉的时候，才几岁大的谢文利就跟着去，除了贪玩，最主要的是可以吃到肉。他印象最深的是烤方肉：

一整块厚实的三线肉，在炭火和父亲的双手间翻转腾挪，渐渐地，肉皮起泡，肥肉流油，瘦肉酥嫩，香气弥漫。然后，父亲会把整块方肉切成薄薄的肉片，放到铁架子上烤。原始的肉香和炭火的木香融为一体，再蘸上一层辣椒面，好吃得不知道该怎么形容。

那个年代的孩子，一年到头吃不了两回肉。谢文利实在幸运，有这么个父亲可以让他经常跟着去客户家蹭肉吃，还是那么美的烤方肉。

在那个法国人之前，人类只知道肉加热后会很香，却不知道为什么会这样。美拉德反应解释了其中的形成机理：

肉类在加热过程中，内部组织之间会发生复杂的变化，从而产生各种挥发性物质，它们就是肉香的来源。这些挥发性物质大约有一千多种，都来自水溶性的糖类、含氨基酸化合物、磷脂和三甘酯等类脂物质。

对谢文利的父亲、祖父、曾祖父来说，上面这段文字毫无意义，可谢文利不这么看。

20 世纪 80 年代，谢文利做过石匠、当过理发师，在十八梯开过餐馆。因为想解决食客口味多元化的问题，他还发明了一种“多宝塔”火锅，火爆一时。不过他最想做的还是烧烤，因为这是家传的手艺，也因为忘不了小时候父亲为他蹭来的那一小块烤方肉。

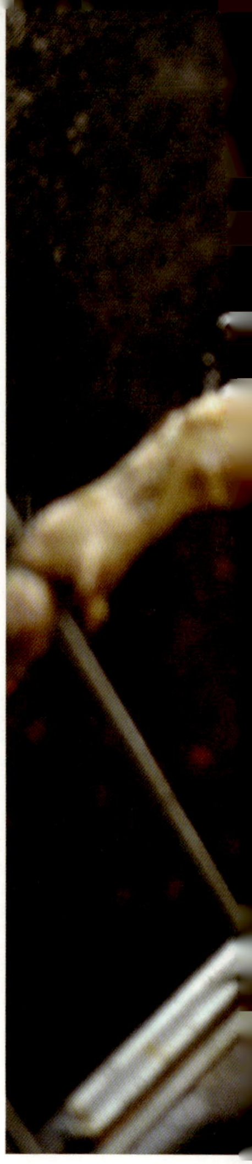

跟父辈祖辈不同，谢文利上过学，很聪明，对生物化学知识非常着迷。在整个家族里，他首次用美拉德反应的道理，说清楚了谢氏烧烤当年成功的秘诀。

赋予烤肉香味的是瘦肉组织，而赋予不同肉类特有味道、让人能吃出来是猪肉、牛肉还是羊肉的则是脂肪组织。从曾祖父到父亲，谢家几代人所做的不过是恰好符合了这个科学原理。

既然肉香来自瘦肉组织，那么做烧烤的第一个重点就是要精选瘦肉。什么部位、瘦肉率多少、新鲜度如何，都有讲究。老人们当年全凭眼看手摸这种硬功夫，往往也能采购到尖货。

然而全是瘦肉也不行，没有足够的脂肪，所有肉吃起来都会是一个味道。所以你还得肥瘦兼搭，把体脂率作为一个重要标准来考量。

接下来的烤制阶段讲究就更多了。要让瘦肉组织在合适的火候下发生最充分的反应，这才能催逼出最多最美的香味。肉香出来后，用什么配料调料去与之混合，从而产生更丰富怡人的新味？也是关键所在。

千万别忘了脂肪层！这可是保证肉串或肉块本色本味的关键。在熊熊炭火的烘烤中，它会不断变成油滴坠下，倘若烤制时间拿捏不准，它就要添乱而不是帮忙。

所以你不能对脂肪放任自流，你得摸准它的脾气，用最合适的方法、在最恰当的时机开始和结束。

知其然，还要知其所以然，科学就是这么神奇。从 20 世纪 90 年代开始，谢文利的烧烤事业脚踩“科学”与“家学”两块垫脚石，一起步就获得了比父辈祖辈更高的高度。

谢文利在科学之路上跑得忘乎所以。他敏锐地发现了烧

烤的致命死穴——不健康，于是心一横，投巨资研制了许多烧烤设备。

然而这是道难题，他的发明通通失败了。谢文利欠了一屁股债，穷得空前绝后。就从南坪回趟大渡口，他摸遍全身都凑不够车费，只好提前下车，走路回家。混到这种地步，遭遇婚变不奇怪，他终于成了一个没有家的人。

孤家寡人的谢文利只剩下一个背包，里面装着他的全部换洗衣服，今天在同学家挤一挤，明天在朋友家住一住。寄人篱下的滋味不好受，如果主人脸色不好看了，就得赶紧搬走。

后来他在南坪四公里的一栋旧楼租了个楼梯间，在黑黢黢的楼梯间里搭了一张木板床，连脚都伸不直。一到冬天寒风刺骨，他只好穿着毛衣外套睡觉。

都这样了，谢文利仍然没有放弃研究。他笃信只要搞定了那个难题，谢氏烧烤必定会彻底翻身。

其实他没错。烧烤摊是都市里如此庞大的一个存在，而几乎所有烧烤从业者都很难解决健康、环保问题。谁占了先机，谁就有可能一统烧烤江湖。

简单来说，烧烤时食物的油脂会不断滴落到木炭上，油脂和木炭结合会产生强烈的油烟，而油烟中有一种叫苯并芘的物质，会不断附着到食物表面。

苯并芘是国际公认的一种高活性间接致癌物和突变原。谢文利这么多年耗尽心血要解决的，就是这个苯并芘，这是他研制的方向：

食物油脂和炭火直接接触会产生苯并芘，那好，我就让油脂无法接触到炭火，无法形成油烟。让苯并芘见鬼去吧。

说起来一点也不复杂，但食材不接触炭火，就不会产生焦香，那怎么叫烧烤呢？你又用什么样的设备可以做到呢？这才是难点。谢文利很聪明，但执着却是他更大的优点。他倾家荡产试制的各种烧烤设备堆满了仓库，到现在都已是第五代了。

现在他当然成功了。谢氏烧烤所用的第五代特制烤箱，不仅保留了烧烤特有的木香焦香，而且不会产生一丝一缕的油烟。

大到一头牛，小到一只美蛙，谢文利从猪牛羊鸡兔的宰杀开始，全程标准化操作。

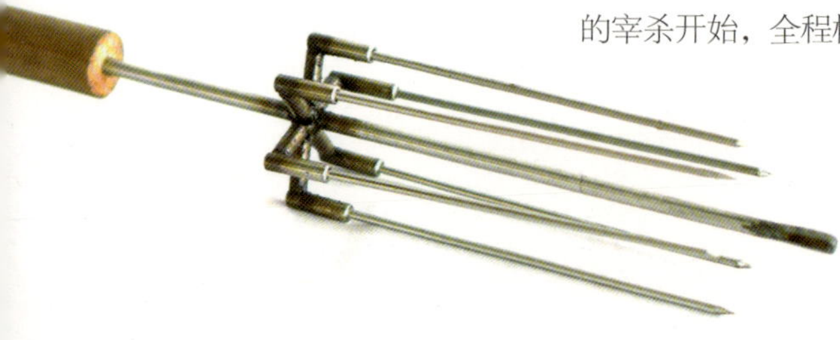

比如排酸，不论大小动物，宰杀后都要经过冷藏排酸处理，让体内的血液及酸性物质尽量排出，这样烧烤时肉质更鲜美，还不会产生乳酸毒素。像烤全牛，会让牛至少经过 48 个小时的冷藏排酸，甚至还要对全牛包括内脏做推拿按摩，助力排酸。

火候是烧烤最难把控的技术之一，谢文利会通过食物的不同部位来安排炭量、火位，同时根据食物变化精确调节火候温度。像烤全牛时牛脖等处肉厚脂浓，谢文利就设计了一个导热板，把炭火引入其中烤制，通过内外受热，保证全牛受热均匀。

还有独家秘制的调料。谢文利的烧烤前期不上料，而是烤制基本完成后再开刀刷调料，而且只刷一次，即可保证食物味道适中、香气扑鼻。他还加入了中药材，起到避免上火的作用。

谢文利发明的烤箱烤炉，工作起来能达到 350℃高温。这个温度，足以让食材产生美拉德反应，散发出令人无法抗拒的香味。

烧烤，人类最古老的烹饪技法，简单粗暴到连三峡纤夫谢有益都能掌握。当它遇上了谢文利这种科学狂人后，开始变得更精致、更美丽了。

陈
重庆市级非物质文化遗产
磁器口陈麻花传统制作技艺
传承人
陈昌银
六十四岁
从业二十二年
CHONG QING BAOBEI
陈昌银

我能听到麻花的笑声

磁器口陈麻花传统制作技艺

磁器口。熙来攘往，人声鼎沸。

陈昌银站在横街的一处石梯上,眯缝着眼睛朝远处望去。街口，他的店铺里三层外三层围满了游客，声浪起伏。

“小妹,给我拿10袋。”“紫薯和怪味各要5袋。”“嗯,这三种口味各要10袋！”最吓人的一家游客出现了：“这8个口味，每种口味一袋，8袋一套，一共12套。”

12套加起来就是96袋。店员手忙脚乱。

陈昌银面无表情，却心如潮涌。20年前，他绝没想到会有今天。

80年前的某天，磁器口高石坎，一个中年汉子挑着盖着白布的担子，一边爬石梯坎一边吆喝：“麻花，麻花，又香又脆的小麻花——”

这人叫陈景洪，陈昌银的爷爷。

20 世纪 30 年代，时局动荡，合川人陈景洪结束了在北方的漂泊生涯，回到老家合川金钟村。回家，当然得给家人朋友邻居带点礼物，学得一身麻花炸制绝技的陈景洪便支起油锅炸麻花，准备送给乡亲们。

由于面粉、鸡蛋、白糖、芝麻等都很有限，亲友乡邻众多，陈景洪担心麻花不够分，只好把原本的大麻花缩小，炸制成了仅两寸长的小麻花。

没想到这种小巧玲珑的麻花一送出去，吃过的人都点赞：“从没吃过这么香酥的麻花。”连续几天不断有人来打听：“还有没有那种小麻花卖呀？”

陈景洪一拍大腿：“必须得有啊！”

合川乡下很快就施展不开了。陈景洪挑上炸制麻花的家伙什儿赶往重庆，要去开辟更大的市场。走到磁器口，他停下了脚步。

这一年是 1937 年，风云激荡，重庆成为战时首都，磁器口成了商贾云集的著名水码头——平日里停靠在码头的各种船只多达数百艘，真正是“白日里千人拱手，入夜后万盏明灯”。

就是这里了。陈景洪放下挑子，支起油锅，双手在案板上翻飞，搓动、折叠、拧花，一个个漂亮的小麻花从他的手指间跳出，跳进滋滋冒烟的油锅里……

小麻花迅速在磁器口走红，街坊邻里、走卒贩夫甚至客居在沙磁北碚一带的文化名人，都喜爱上了甜香酥脆、入口化渣的小麻花。久而久之，大家都不喊陈景洪的名字了，直接叫他“陈麻花”。

到后来，坊间居然诞生了一句歇后语：“陈麻花儿下酒——干脆”。

若干年后，磁器口这个名字通过父亲之口，深深印在了陈昌银心底。

1997 年，42 岁的合川农民陈昌银和妻子进了重庆城。儿子陈建兵考上了重庆交通学院，夫妻俩陪儿子来报到上学，缴完学杂费，陈昌银口袋里只剩下 50 元钱。

夫妻俩商量后达成了共识：必须来重庆打工挣钱，否则孩子的学费生活费都交不上了。两人在江北城暂住了一个星期，没找到工作。陈昌银一咬牙，扛起扁担麻绳，当了一个“棒棒”。

有一天，陈昌银正在菜园坝汽车站帮人扛货，突然看到一个小贩挑着一些麻花在叫卖，5元一袋，生意爆好。

陈昌银脑袋“嗡”的一声开了窍：炸麻花？我行啊！

爷爷和爸爸的手艺附体，炸麻花那真是水缸里捉乌龟——手到擒来。

夫妻俩没有马上动手，而是回了一趟合川老家。回家干什么？做试验啊。他闭关修炼多日，炸好的麻花全部免费请村里的老人们品尝，让大家提意见。

“这回搓得太细了，你看，一炸就起泡了。”“嗯嗯，这批麻花有点涩，得加花生油、核桃油。”“不错了，这些麻花味道很好，要是再加点糯米粉，就会更酥脆。”

这些老人可是吃过正宗陈麻花的吃货，嘴巴刁得很。不过正是这些挑剔的舌头，让陈昌银炸制的小麻花越来越美味，无意中形成了一套复杂的质量标准。

尤其是外形漂亮而内里酥脆这一点，可能因为老人们牙口不好，反复提出无数意见，结果是陈昌银的小麻花特别酥脆：“麻花抛起来掉地上，会摔得粉身碎骨，根本捡不起来。”

虽然有点夸张，但今天你去试试，真的会摔碎的，很碎那种。

两个月后，出山的日子到了。

陈昌银的麻花挑子悄然出现在江北城老街。金黄玲珑的小麻花，还没靠近就香气扑鼻，轻轻一咬，“咔咔咔”碎人一嘴。

陈昌银的小麻花在江北城卖疯了，一天50斤、80斤、100斤地噌噌往上涨，看不到头。陈昌银在租赁房里起早贪黑地炸，都赶不上销量的疯涨。

1999年7月的一天，陈昌银挑着麻花担子无意中走进了一家杂货店。店主伍礼兰见他家麻花好吃，人又老实，就跟他聊天，教他做生意的一些窍门，还借给陈昌银一个小摊位卖麻花。

陈昌银说，伍姐对他帮助很大，让他学会了怎么做生意。后来他在江

指掌翻飞，麻花盛开。
每一支麻花，都是由手工搓揉而成。

北一个市场花 5000 块租下一个摊位，准备大干一场。谁知两个月后，这个市场因为旧城改造要拆迁。他只好又挑上担子，走街串巷。

就在这时，一个人出现在陈昌银面前：“磁器口，欢迎你来。”

这人叫单大国，当时磁器口管委会的负责人。2000 年的磁器口刚开始旅游开发，急需引进特色民间风味小吃。陈昌银的出现，让正在为寻找合适项目发愁的单大国眼前一亮。他一番摸底调查，发现火爆江北城的小麻花，居然和六十多年前风靡磁器口的陈麻花之间有着清晰的传承关系。

于是他软磨硬泡，非要把陈昌银引到磁器口来。

磁器口？陈昌银心里一动。爷爷陈景洪白手开创“陈麻花”的故事，不就发生在这个地方吗？

虽然单大国给出的条件很优厚，但陈昌银夫妻去磁器口考察了一番后，大失所望。这地方到处都是破烂房子，冷冷清清没有人气，下午买菜都买不到。“我们在江北城，一天至少要卖上百斤麻花。在这儿肯定直接做死了。”

接连考察了三次，夫妻俩都不看好那里，最后谢绝了磁器口管委会的邀请。

然而，陈昌银还是没有完全放下，因为磁器口这地方，是他爷爷曾经辉煌过的福地。隔三岔五他都要去逛逛，有一次碰到了毛血旺店主张秀英，张秀英问他吃饭吗？陈昌银说自己是炸麻花的，磁器口有没有卖麻花的店家呢？

没有没有。

一攀谈，陈昌银和张秀英还是合川老乡。张秀英力劝陈昌银来试一试，还说大家乡里乡亲的，可以把自家一个小门面租给他。

陈昌银心里一动，问，租金一个月多少呢？张秀英说，80 行不？

2000 年 5 月，陈昌银的麻花铺子在磁器口开张了。尽管有心理准备，但一天下来，麻花只卖出三四十斤，比江北城差远了。

但是，好戏在后头。从 6 月起，磁器口的宣传推广力度猛增，越来越多的游人涌进了这座千年古镇，每天的人流量超过万人。陈昌银的麻花铺子本来就小，人一多，他只好把油锅支到铺子口，现场炸制小麻花。

每次陈昌银在街头现场炸制麻花，游客就会围得水泄不通看他表演，时间一长，“陈麻花”的绰号穿越80年时光，又在磁器口出现了。

当时的陈麻花有多火爆呢？一天要卖掉上千斤麻花，根本做不赢。陈昌银不得不实行“限购”，每人限购两斤。可越限购买的人越多，排出的长队把街面都拦断了。

千年磁器口，百年陈麻花。如今人们一提起陈麻花，就会想到千年古镇磁器口；同样，来到磁器口不尝尝陈麻花，好像总有遗憾。

那么，陈麻花的卖点到底在哪呢？

选料就不用多说了，什么精制面粉、芝麻、香而不腻的核桃油、优质糯米、上等冰糖等，都是标配；和面也不用多说，加上水和鸡蛋，反复揉搓，直到质地均匀，方能保证酥脆。

最好看的是搓麻花：将均匀切成5寸长的条状面块摆在桌子上，双手按住，一搓，呈“8”字形那么一拧，十指飞舞间，麻花迅速成型，视觉效果非常炫。最后是炸麻花，这个全凭经验感觉，没有十年以上的实操和领悟，很难炸得漂亮。

陈昌银说，我能听到麻花炸好时发出的笑声，你信吗？

创新能力也是卖点。陈昌银和儿子陈建兵结合现代人的口味变化，研发出了十多个新品种麻花，除了原味、椒盐味、麻辣味等传统套路，还有蜂蜜味、海苔味、五香味，喜欢吗？核桃味、肉松味、葛粉味，想试试吗？怪味、五香味、紫薯味、巧克力味，听说过吗？

陈昌银今年64岁了，“陈麻花”这副担子已全交给了儿子陈建兵，他现在最喜欢在磁器口的街巷里瞎逛，一个人。

逛什么呢？看看谁家的东西做得实在，瞅瞅哪些后生小伙做事专心。就像19年前第一次来到磁器口，就像80年前爷爷第一次来到磁器口，充满好奇，充满自信。

这状态，真像麻花在油锅里发出最美妙的笑声。

重庆市级非物质文化遗产
正东担担面传统制作技艺

传承人

蔡 雄

七十一岁
从业五十八年

蔡雄来了

正东担担面传统制作技艺

两个刚刚大学毕业的东北小伙在广州创业，开了一家重庆小面馆。

东北人，广州，重庆小面。这种跳跃型的脑洞，叫人很难测量尺寸。所以开业不久两个人就搞得很狼狈，30 平方米的店堂面积，每天都空旷得像 300 平方米，两个老板饿得连煮面吃的力气都没了。

关门，必须的。只有这样才能活下去。

然而这时候，蔡雄来了。

1841 年，冬天的一个早晨，四川自贡街头雾气深重，一个小贩挑着担子走过贡井街深处。担子一头有个小煤炉和小鼎锅，冒着阵阵热气，另一头则用纱布盖住，不知深浅。

这个小贩名叫陈包包，他那副担子所叫卖的，是一种被称为“担担面”的面条。

“担担”的标配是这样：一头是灶台，煤球炉子上的小鼎锅负责烧水；另一头就是碗筷、调料和洗碗的水桶。一根扁担穿过绳套挑在肩上，就可以晃悠悠、颤巍巍地沿街叫卖了：“担担面！担担面！”

一百多年间，担担面开枝散叶，一路走街串巷爬坡上坎地来到了重庆。在这里，一对名叫董德民、陈淑云的夫妇成了代表性人物。

重庆人热爱这种方便热烙、调料独到的食品，因此董氏夫妇的担担面生意十分火爆。1950 年前后，夫妻俩结束了担担生涯，在保安路中段（今八一路渝都大厦大门东侧）开了家固定摊点，取名“正东担担面”。

蔡雄，就是正东担担面的第三代传人。

1960 年，13 岁的蔡雄已在商业技校读了一年书，可是学校吃不起饭了，只好疏散学生。政府把包括蔡雄在内的几百个学生娃全分到了当时重庆市中区的商业服务单位去上班，这样孩子们才有一口饭吃，不至于挨饿。

蔡雄从此成了区饮食服务公司名特风味商店的一个小服务员，每天的工作是扫地、洗碗、抹桌子。干了几个月，师傅开始教蔡雄面点制作，学做包子、馒头、油条。

每天凌晨 4 点，睡眼惺忪的蔡雄就得起床上班。因为个子矮小，揉面案台又高，他只好站在一根长板凳上和面、揉面。小孩子没力气，一团面揉搓的时间总得比别人多出几十分钟才行。

这么小的孩子，干活这么卖力，蔡雄很快就引起了正东担担面第二代传人董师傅和陈师傅的注意。

师傅们煮了一碗担担面给蔡雄吃。他三口两口吞下，眼巴巴地望着师傅：“面太少了，没吃饱呢。”

师傅问：“好不好吃？”“好吃好吃，真香真香。”“那你想不想学嘞个做嘛？”

蔡雄很认真地点头。

所以蔡雄学做担担面的时间，要从13岁算起，真正的童子功。到现在都58年过去了，他还在倒腾担担面那点儿事。

十几岁的时候，蔡雄只能跟着师傅转，复读机一样地做事，搞不懂很多道理。他真正开始研究担担面，是工作10年以后的事了。

比如揉面，他这时候才发现，正东担担面擀面的标准必须是0.05厘米厚，只有这种厚度才算达标。这种面色泽微黄，薄而均匀，煮时不浑汤，入口绵扎滑爽。

号称担担面灵魂的辣椒，香、辣、红三大要素缺一不可。二荆条、子弹头、七星椒、美人椒、朝天椒……这么多品种，有的香、有的辣、有的颜色红亮，该如何搭配才是最佳呢？

还有芝麻，堪称担担面的点睛之笔。那么，正东担担面自家炒制研磨的芝麻跟别家的芝麻又有什么不同呢？

“大抵一席佳肴，司厨之功居其六，买办之功居其四。”这是清代文化型大吃货袁枚的心得，蔡雄十分认同。跟所有美食一样，担担面功夫全在诗外。

一碗担担面，佐料有十多种：酱油、姜汁、蒜汁、边油、辣椒油、芝麻酱、花生、芽菜末……共同营造出一个复合味型。这中间一定要突出的，就是辣椒香、芝麻酱香和宜宾芽菜香，就像一支复杂的交响乐，必须得有叩动人心的主调一样。

“麻、辣、鲜、香”，现在人们耳熟能详的重庆小面特色，实际上是蔡雄在20世纪80年代提出的。他说：“麻辣鲜在调料上好解决，唯独最后一个字——香，最考验技术。”

基础的香，需要辣椒油来提供。不同的辣椒品种、不同的油温、不同

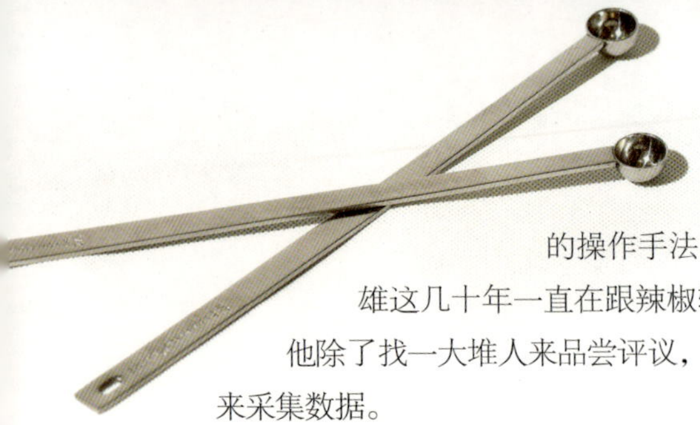

的操作手法，得到的结果完全不一样。蔡雄这几十年一直在跟辣椒较劲，每种新辣椒油做好后，他除了找一大堆人来品尝评议，还会动用辣度、香味测试仪器来采集数据。

有人问他：“几十年下来，到底做出最好的辣椒油了吗？”

他反问：“什么叫最好？现在我都‘70后’了，还在研究、还在试验呢。”哪有辣椒什么事，他其实一直在跟自己较劲。

如今的担担面，比蔡雄小时候科学精细得多了。

十多种佐料，每种佐料盆里的勺子都是专门定做的，都有专门的编号。不同的佐料，勺子大小不一，分量不同。所以即便挑面的员工只是个菜鸟，用这种勺子也能打出正宗的担担面佐料。

煮面也已经实现电脑控温了。蔡雄设计的煮面兜都配有计时器，面条入锅，计时启动，时间一到会自动提醒，保证滋润爽滑。

一碗一两的担担面，面条实重 70 克左右，吃是吃不饱的。没办法，鸦片战争年代，祖师爷陈包包每天都要挑那么重的一副担子走街串巷、现煮现挑，碗不可能做太大，所以呢，面碗必须很迷你、很袖珍。

这是担担面的传统，要改大碗装的话，就得改名字了。这不科学。

担担面的精髓并不在分量，而在味道。它能带给你的并不是胃部容量的变化，而是舌尖味蕾的喜悦。当一筷子裹满各色佐料的面条入口，你会吃出惊喜，进而感知到希望。

2014 年的一天，蔡雄接到一个记者的电话：“有两个大学生，在广州开了家重庆小面馆，现在已经撑不下去了；年轻人创业不容易，蔡老师要不给他们支支招？”

支招？哪有这么便宜的事，我得亲自去。

那年 67 岁的蔡雄坐着飞机就去了广州，一路问到了位于天河区一条背街小巷里的小面馆。两个孩子像捞到救命稻草一样连声道谢，蔡雄却不多话，从佐料开始检查，一直到怎样制作出漂亮的辣椒油，一一示范、传授。

前后 10 个月时间，蔡雄五下广州，到那店里帮忙、指导，红外测温仪、电子温控器、计时煮面器，连同他订制的大小佐料勺子，都陆续运了过去，成了孩子们咸鱼翻身的利器。

东北大学生在广州开的这家重庆小面馆，后来怎样了？

蔡雄笑笑说："我还真不是很清楚，只知道后来开了不少连锁店，几个孩子头脑灵活也很努力，嗯，好像现在身家都上亿了……"

在网上一查，这家小面店还真开了不少连锁店，品牌如雷贯耳，曾在两年内获得 4 次融资，其中一次融资额有 2500 万元。

多少万、多少亿，蔡雄说都跟他没关系。他乐于扮演类似的角色，那感觉不是一般的好，只有李白的诗才能表达到位：

事了拂衣去，深藏身与名。

没想到吧？正东担担面打佐料这个环节都暗含着科学艺术的结晶，每种佐料都有特别定制的勺子。分量一定，代表品质一定。

重庆市级非物质文化遗产
丘二馆炖鸡汤传统技艺

传承人

龚志平

六十二岁
从业四十年

来，干了这碗75℃的鸡汤

丘二馆炖鸡汤传统技艺

龚家是厨界世家。

据说民国时期，他父亲就是成都厨界“矮子帮”三大矮子之一。后来“龚矮子”来重庆讨生活，在重庆饭店和一帮餐饮大腕同事刀光火影间，融会贯通诸多川菜绝活。

1979 年，“龚矮子”的儿子、23 岁的龚志平出现在返城知青大潮中。这个在巴县接龙乡村插秧挑粪好几年的年轻人十分茫然，不知道该做什么。最后他去了上清寺“小竹林”餐厅当洗碗工，一天要洗几百个碗。洗了三个月，有个人问他：“想不想学厨师？”

问话的人叫戴金柱，小竹林的主厨。他和龚家是邻居，从小看着小伙子长大，知根知底。老戴这几个月看龚志平洗碗，发现他勤快仔细，从不抱怨，还很细心，每只碗碟洗完都要用干净棉布擦得铿亮，便动了收徒的心思。

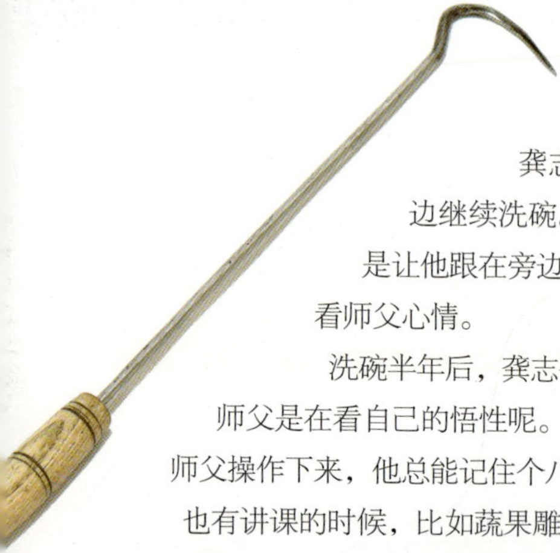

龚志平毫不犹豫拜了师，一边学红案，一边继续洗碗。戴金柱这个“扫地僧”讲得很少，只是让他跟在旁边观察，有问题可以问，至于答不答，得看师父心情。

洗碗半年后，龚志平开始挑面、切菜、炒菜。他渐渐明白，师父是在看自己的悟性呢。幸好他有家传底子，也有天赋，一道菜师父操作下来，他总能记住个八九分。

也有讲课的时候，比如蔬果雕刻，戴师傅就讲得特别仔细，关键地方还会反复示范，生怕漏掉细节。还有烧烤技艺，师父教得也仔细。因为龚志平曾跟师父说过，他在巴南山村当知青时，有一次把小猪给烤得焦煳，挨了其他知青一顿臭骂。

师父话虽少，其实徒弟说的每句话他都记在心里呢。这就是老一辈带徒弟的方式，可能会生硬一点，但总归是温暖的。

说到这儿，那碗温暖而清香的鸡汤该上场了。它出自丘二馆。

鸡汤家家都在炖。不是针对谁，坦率地讲，在场的基本都是……外行。

丘二馆的鸡汤，据说源自清末皇宫御膳房。当年清廷倒台，有御厨流散民间，用宫中御制铜炉炖鸡汤来卖，一时香飘四方。几经辗转，清宫“御制铜炉炖鸡法”落入一个军人手中。此人叫韩德称，退伍后在当时的重庆新生市场（现美美百货一带）开了家小餐馆，取名“丘三馆”。

韩德称振振有词："本人当兵出身，兵者丘八也。现在不是军人了，丘八退伍剩下三，所以叫'丘三'。"

丘三馆的主打菜就是鸡汤和炖鸡面。老韩每天挂牌明示："今日特供炖鸡汤40份，每份定价一元五毛；炖鸡面80份，每份定价五毛。售完为止。"这价格在当时算高价了，但食客不在意，达官贵人们甚至天天派人来店里端汤。上午、下午开张不到一个小时便售罄，成了常态。

后来韩德称告老还乡，手底下6个传承人中，大弟子汪占魁当了丘三馆老板，李旭东等其他弟子在青年路开了家店，取名丘二馆。重庆人俗称打工仔为"丘二"，这意思就是创办人原本是打工仔，也暗示其与丘三馆有渊源。

龚志平的鸡汤手艺是跟罗志芳学的，而罗志芳的师父就是李旭东。从丘三馆的源头算起，龚志平是第四代传人。

20世纪七八十年代，小竹林饭店后厨牛人如潮，张正雄、陈彪、陈远

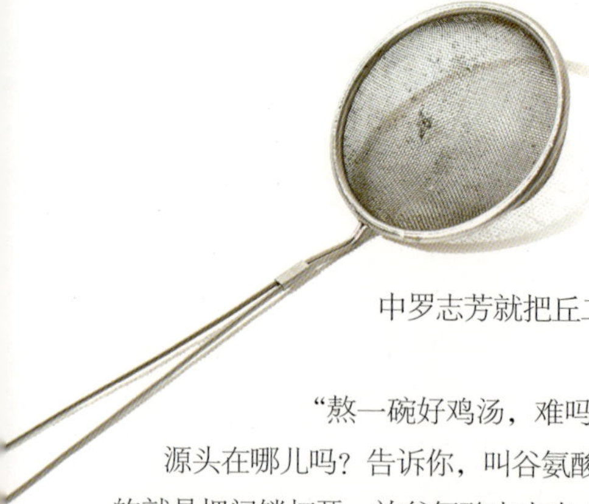

明、蔡雄、吴强……都是川菜大师级人物。除了师父戴金柱，龚志平还跟很多前辈讨教学习，其中罗志芳就把丘二馆传统鸡汤技艺传给了他。

“熬一碗好鸡汤，难吗？”龚志平反问。“知道鸡汤鲜美的源头在哪儿吗？告诉你，叫谷氨酸。鸡肉里富含这种成分，而我们要做的就是把门锁打开，放谷氨酸出来自由活动。”

就是“开锁”那么简单。可好多人淡定不下来，开锁变成了砸门砸窗、暴力拆房。所以说做人做事的格局、成败，从熬鸡汤也能看出来。

龚志平喜欢园艺，尤其痴迷盆景。以前家住顶楼时，爬山虎簇拥着大大小小上百个盆景，十分壮观。盆景有山有水有花有树，是一个自然世界的缩影，你得认真去研究，发现并创造新意境。这跟做一碗丘二馆鸡汤，并无二致。

丘二馆鸡汤的食材配料很简单：土鸡、水、姜、胡椒，还有一点盐。简单归简单，但讲究挺多的。首先，要选9个月左右的土鸡，公母配对合炖（注意，一次要买两只鸡）。公鸡负责提鲜，母鸡负责取香，这就是阴阳调和之意。4斤鸡放7斤水，8斤就放14斤水，绝不能多，否则汤汁会寡淡。

自来水是万万不可的，铁锈味、余氯味、杂质等会让鸡汤变得五味杂陈。最好是矿泉水，最不讲究也得是纯净水，这样鸡汤才会有一个好的基础。鸡洗净后必须飞水，也就是把鸡冷水下锅，烧开除血。这时鸡肉初步紧缩，体内的血水杂质会被压迫出来，你得把水面的泡沫舀干净，不留残余。

飞水后的鸡再次清洗干净，就可请出矿泉水熬汤了。猛火烧开后，转入小火慢炖，长达4个小时。这中间你得不停观察炖鸡的状态，随时舀起浮现的泡沫，还要放块黄姜，放点白胡椒……大约炖到四成熟的时候，又得动刀了。

把整鸡捞上来，切成几大块，再放回锅中慢炖。整鸡在半熟前收缩厉害，会导致鸡肉老柴，而主动切分整鸡后，相当于帮助它们获得更大的收缩空间，避免老柴局面出现。

总之 4 个小时后，一锅汤清油黄、鲜香不可方物的炖鸡汤，就会出现在你面前。

差点忘了放盐。

龚志平再三敲黑板：炖汤那 4 个小时，千万别放盐。丘二馆鸡汤历来是舀进碗端上桌前，才撒那么一点点淡盐，俗称毛毛盐。鸡汤非常娇气，尤其是本味鸡汤，蛋白质和谷氨酸极其脆弱，盐放早了，就会破坏蛋白质，影响谷氨酸的稳定。

现在可以喝了吧?

嗯，如果这碗鸡汤的温度在 75℃左右的话，你就尽情享用吧。这是丘二馆数十年来熬出来的经验，龚志平为此做过多次实验测试，没错的，75℃，口感最佳。

干掉这碗鸡汤，抹抹嘴，会有一种很爽的感觉。不妨更进一步，亲手干，再亲口干，想必会更爽的。

重庆市级非物质文化遗产
九园包子传统制作技艺
传承人
龚志国
五十六岁
从业三十九年

包子里包的不是馅

九园包子传统制作技艺

凌晨 5 点，17 岁的龚志国翻身起床，利索地穿好衣裤，出门。

从桂花园家中到上清寺怡和食品厂，龚志国走得头冒热气。走进厂里，师傅们和面的和面、调馅的调馅，早已忙得不可开交。老师傅们大多来自民国时期，做事一板一眼，每个馒头、每个汤圆、每个包子，都有着独到的绝活。

比如“朝霞映玉鹅”。这是一道象形点心，川菜名肴水晶鱼肚的御用配角。师傅巧手把水晶面皮捏成鹅的形状，鹅顶用车厘子或葡萄点上去一颗红珠，每盘 10 只玉鹅，每只鹅大小不一，形态各异，令人拍案叫绝。

17 岁开始，龚志国就在这群中西面点大师堆里学手艺，如鱼得水。然后，他就开始学做九园包子。

上清寺中山四路一条幽僻的小巷，一张石桌前，龚志国摆开面板，一手擀面杖一手面皮，杖滚皮旋，疾如流星，直擀到暮色四合，才意犹未尽地收摊。

龚志国从学徒一路干到重庆屈指可数的国家级高级技师，这个习惯从未改变。只要一有时间，他就会一个人躲在小巷子里做包子，很多时候不为生意，只为过瘾。

做包子真有这么大魔力？

龚志国说，九园包子最大的魔力其实不是它的美味，而是近百年来食客的夸赞，这对一个厨子来说，是无上的荣耀。你最得意的事情，时不时地拿出来把玩一番、自嗨一番，有什么不可以的呢？

当然，九园包子也是真的好，达到了色香味的完美结合。想当年，为了配得上它的美味与精致，连外卖包装都会用到特制的精编小竹盒。

抗战时期重庆城的一个冬夜，抗建堂的话剧演出刚刚结束，一笼笼热气腾腾的九园包子便送到了白杨、秦怡、张瑞芳等大腕面前。

这是演员们最喜欢的消夜。像文化名人郭沫若、老舍、徐悲鸿等人，吃了九园包子都对其赞不绝口。然而这么好的包子，却经常买不到。因为九园包子创始人苏哲九鬼精鬼精的，用上了今天某些手机大佬常玩的手法：饥饿营销。如果不预订，下午 3 点以后，天王老子也买不到。

苏哲九，早年参加革命军，反清、讨袁、护法、护国的一路拼下来，最后在参谋长任上退伍。他在重庆较场口鱼市街开了个包子铺，取自己名字里的“九”字，命名九园包子，寓意长长久久。

苏哲九的核心竞争力是一个内江私厨。此人的拿手绝活，是清代光绪年间的内江名小吃“一品点心”包子。

1931 年，脱胎自“一品点心”的九园包子一开张就供不应求，因为每天只卖 500 客（每客两个包子，一咸一甜），卖完即止，所以店门外永远排着长龙。

这个长龙一直排到了今天，做包子的师傅换成了龚志国。他已是第四代传人了。

九园包子最明显的特征，就是雪白松软、回甜化渣。

它的面皮就与众不同。中筋面粉除了加老酵母发酵外，还要加入牛奶、猪油、饴糖、鸡蛋等，这样包子皮就会白如雪、软如酥、细腻化渣、入口回甜。

馅料的配方和制作，更是精髓所在。拿最受食客欢迎的酱肉大包为例：前夹肉与五花肉混合，肥瘦比例为 3 ∶ 7，洗净余水后，刀改成 3 厘米长宽条块，然后用混合油放姜葱下肉块，在锅中爆香。

如今龚志国会放入自己特制的甜面酱来炒香。这种面酱是发酵面酱，必须自己做。肉块炒到酱香四溢时起锅，晾冷后用刀剁成豌豆粒大小的肉丁（约 0.5 立方厘米），然后加入同样剁细的荸荠、干贝、火腿、口蘑、金钩、冬笋等，调入白糖、味精、料酒，便成。

馅料中的肉粒一定不能剁细剁茸，必须是豌豆大小，咬开包子后还会有少许肉粒滚落出来。这样不光便于肉香浸入面皮，也会带来更劲道的口感。

九园包子都是大包，包子顶部一律 9 ～ 12 个大花瓣褶皱。过去龚志国每天能包上千个包子，随手拿几个出来比较，不光大小一致，花瓣褶皱也一律 9 个，不多不少。

最快的时候，龚志国每分钟可以包 7 ～ 8 个包子，平均 8 秒一个。从他拿起一张面皮开始，从 1 数到 8，手指翻动电光石火间，就会变出一个洁白丰满、褶纹精美的包子来。

剩下的事，就靠那些层层叠叠的蒸笼了。水汽弥漫中，急火猛蒸 12 分钟，九园包子新鲜出炉。雪白的包子皮被水蒸气唤醒，松软丰腴；内部的肉馅则肆无忌惮地散发出酱香、清香、鲜香、腊香，夹杂着荸荠的爽脆、冬笋的厚实、姜葱的清丽……

这样的味道袭掠而来，谁的嘴巴还守得住城门?

到底有多好吃呢?龚志国讲了一件真事儿——包子烫背，说的是九园包子系列中的芝麻糖包。这种包子的甜馅中加有猪油和纯牛奶，蒸好后不仅馅料滚烫，还呈半流液状态。

话说这天来了个小伙子，点了一笼芝麻糖包。包子刚端上桌，他抓起一个就开咬，这一咬，滚烫的馅汁顺着手臂就流下来了，小伙子遭烫惨了，忙举起手臂用嘴去舔。馅汁是舔到嘴里了，高举的手上还拿着半个芝麻糖包呀，那里面又流出来一股，滴滴答答正中背脊——

“哎哟啊!”小伙子真真切切地惨叫了一声。我只是来吃个包子而已，为什么要这样对我?

每当食客亮出各种满意或搞笑的表情包，就是龚志国最幸福的时候。还有一次，一个客人匆匆赶来买了几十个包子，说马上要飞回新疆，家里人各种嘱咐，说最爱重庆九园包子，务必买买买。

三四十年来的信仰与奋斗，都包在这几十个包子里。有这样的知味者唱和，真是不枉此生。

用心
时间也就会恒远
致敬
传承人

后记

能够从开头一直读到这里的人，都是懂我们的人。感谢你们。

感谢所有帮助过我们的人。

感谢所有可爱又可敬的非遗传承人。有的非遗项目其实并不止一位传承人，很遗憾，篇幅有限，我们只能采访其中一位。所以除了感谢，还有抱歉。

不管怎样，没有你们，就不会有这本书。这是老天和你们对三个笨人的赏赐。

当初做这件事，只是因为有意思。找人、拍人有意思，听故事、写故事也有意思，仅此而已。后来和朋友吹牛，聊到了想去找的那些人，一百个人里九十几个都正色说：“真有意思，应该好好做。”

那就当个正事办吧。我们花了近两年时间，系统地收集、筛选资料，然后实地采访。重庆 38 个区县，这次跑到了 30 个，真正一公里一公里去跑，一个人一个人去找。这种笨得要死的田野调查，如今做的人应该不多了吧？

我们既不是什么专家学者，也不是什么权威大牛。我们只是觉得，要把这件事做到尽量完美，只能靠时间、精力甚至金钱的笨工夫，慢慢去磨。

你看做豆花的张正元、做空心面的肖浪、做血豆腐的曾树民、做烧酒的王河川……这些传承人，一辈子就干了这么一件事。这让人想起马克·吐温说的那句话：“人生最重要的时间有两天，一天是出生，一天是明白自己为什么出生。”

笨是笨了点，不过没关系。朝着想去的地方一直走，那就没错。

华　勇

2019 年夏至

学术支持

重庆文理学院文化与传媒学院

图书在版编目（CIP）数据

重庆宝贝．美食 / 罗磊，华勇著．-- 重庆：重庆大学出版社，2019．8
（重庆非物质文化遗产传承人丛书）
ISBN 978-7-5689-1696-7

Ⅰ．①重… Ⅱ．①罗… ②华… Ⅲ．①非物质文化遗产—介绍—重庆②川菜—介绍—重庆 Ⅳ．① G127.719 ② TS972.117

中国版本图书馆 CIP 数据核字（2019）第 150651 号

重庆非物质文化遗产传承人丛书

重庆宝贝・美食

CHONGQING BAOBEI・MEISHI

罗 磊 华 勇 著
晋 毅 摄影
策划编辑：张菱芷 刘雯娜
责任编辑：刘雯娜 版式设计：琢字文化
责任校对：谢 芳 责任印制：张 策
*
重庆大学出版社出版发行
出版人：饶帮华
社址：重庆市沙坪坝区大学城西路 21 号
邮编：401331
电话：（023）88617190 88617185（中小学）
传真：（023）88617186 88617166
网址：http://www.cqup.com.cn
邮箱：fxk@cqup.com.cn（营销中心）
全国新华书店经销
重庆新金雅迪艺术印刷有限公司印刷
*
开本：889 mm×1194 mm 1/32 印张：10.5 字数：302 千
2019 年 8 月第 1 版 2019 年 8 月第 1 次印刷
ISBN 978-7-5689-1696-7 定价：78.00 元
